만만하게 시작하는
왕초보 영어독해

**만만하게 시작하는
왕초보 영어독해**

2017년 1월 15일 초판 1쇄 인쇄
2023년 4월 20일 초판 9쇄 발행

지은이 이서영
발행인 손건
편집기획 김상배, 홍미경
마케팅 최관호
디자인 김선옥
제작 최승용
인쇄 선경프린테크

발행처 LanCom 랭컴
주소 서울시 영등포구 영신로34길 19, 3층
등록번호 제 312-2006-00060호
전화 02) 2636-0895
팩스 02) 2636-0896
홈페이지 www.lancom.co.kr
이메일 elancom@naver.com

ⓒ 랭컴 2016
ISBN 979-11-87168-52-2   13740

이 책의 저작권은 저자에게 있습니다. 저자와 출판사의 허락없이
내용의 일부를 인용하거나 발췌하는 것을 금합니다.

기초 단어와 문법으로 시작하는 영어독해 첫걸음

만만하게 시작하는
왕초보 영어 독해

이서영 지음

LanCom
Language & Communication

머리말

독해는 왜 중요한가

영어를 공부하는 사람들은 대개 영문법 학습에만 몰두하고 영어 독해 학습은 소홀히 하는 경향이 있다. 공부를 한다고 해도 그저 몇 문제 풀어보고 정답 확인하고 해석을 읽어보는 정도의 형식적인 학습이 고작이다. 독해 학습의 필요성은 인식하고 있지만 어떤 식으로 공부해야 할지 학습방법에 대해 감을 잡지 못하기 때문이다.

하지만 물론 영어 독해에도 효과적인 학습 방법이 있다.
무엇보다 독해력 향상을 위해서는 다양한 지문을 꾸준히 읽는 것이 필요하다.
글쓴이는 읽는 사람들이 그 내용을 제대로 이해할 수 있도록 안내하고 중요한 내용은 다시 강조하며 글을 이끌어 나가기 때문에 글쓴이의 안내를 잘 따라가기만 하면 글을 다 읽지 않아도 글 전체의 내용을 파악하고 이해할 수 있다. 그것이 바로 독해력이고, 글을 읽는 능력이다. 독해력은 해석 능력과는 다른 것이다. 단어와 문장 구조만 알면 문장을 해석할 수 있지만, 글에서 글쓴이가 말하는 중심 내용, 의견, 주장을 파악하지 못한다면 글의 내용을 이해할 수 없기 때문이다.

얼마나 빠르고 정확하게 지식을 습득할 수 있느냐 하는 것은 책을 읽는 능력 즉, 독해 능력에 달려 있다. 독해 실력은 하루아침에 이루어지는 것은 아니다. 문법처럼 단순하게 암기할 수 있는 것이 아니라 꾸준하고 단계적인 노력이 필요한 것이기 때문이다. 여기에 실린 다양하고 재미있는 지문들을 흥미 있게 읽고 신중히 문제를 풀어 가는 동안 독해 능력은 자연스럽게 향상될 것이다.

이 책의 구성

이 책은 3단계로 구성되어 있다.

Level 1에서는 짧고 간결하고 다양하고 재치 있는 지문을 통해 영어와 친해지는 과정에서 독해의 감각을 익히고 영어적 사고방식에 익숙해질 수 있도록 했다.

Level 2에서는 지문이 조금 더 길어지지만 유명한 사람들의 일화와 유익한 정보, 재미있는 이야기로 지루하지 않게, 읽는 즐거움을 느끼며 공부할 수 있도록 구성했다.

Level 3에서는 Level 1, 2보다는 약간 더 난이도가 높은 지문을 읽게 된다. 하지만 앞에서 단계적으로 꾸준히 공부했다면 독해 실력이 어느새 늘어 있을 것이므로 자신도 놀랄 만큼 수월하게 읽을 수 있을 것이다.

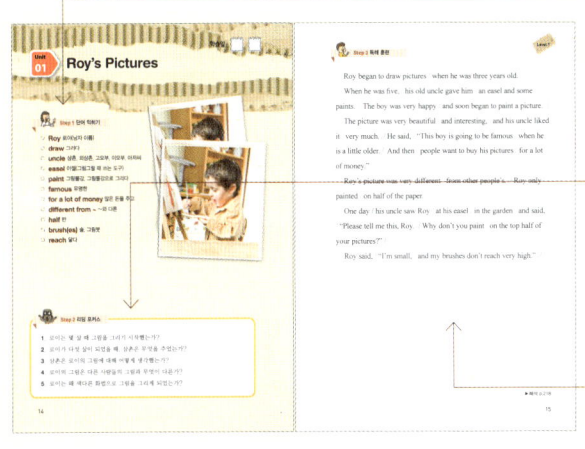

① 단어 익히기
독해를 좀 더 쉽게 할 수 있도록 새로 나온 단어를 미리 익히고 가세요.

② 리딩 포커스
독해를 하면서 중점적으로 보아야 할 내용을 정리해 두었습니다. 독해를 하기 전에 한 번 읽어 보고 독해를 다 한 다음에 다시 한 번 보시기 바랍니다.

③ 독해 훈련
초보자가 좀 더 쉽게 읽을 수 있도록 끊어 읽기를 표시해 두었습니다. 가능한 한 문장을 쭉 읽어 가는 연습을 하시기 바랍니다.

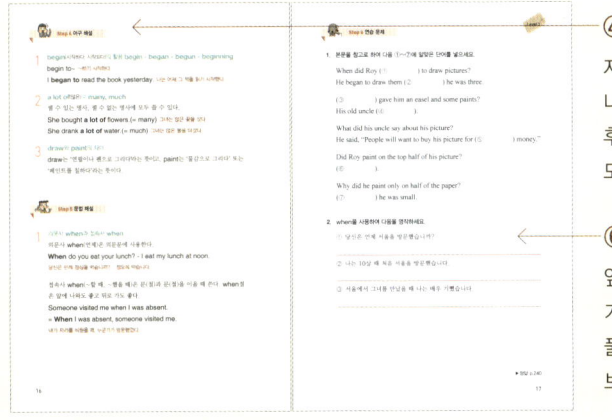

④⑤ 어구 해설과 문법 해설
지문에서 등장한 어구와 문법을 뽑아 두었습니다. 필요할 때마다 참조하고 지문을 다 읽은 후 다시 정리하면서 익히면 독해 능력 향상에 도움이 됩니다.

⑥ 연습 문제
앞의 지문을 충분히 이해했는지 묻는 문제와 기본적인 어구와 문법사항을 이용한 문제를 풀면서 독해 실력이 늘어가는 즐거움을 느껴 보세요.

독해력을 기르기 위해 꼭 알아야 할 사항들

1. 기본적인 문법은 이해해야 한다.

영문독해를 위해 복잡하고 어려운 문법 사항을 모두 알 필요는 없습니다. 독해를 잘하기 위해서는 중고등학교에서 배운 문법 실력만 되어도 이미 충분하다고 할 수 있습니다. 영문법을 전혀 접해보지 못한 초보자라면 독해를 시작하기 전에 기초적인 영문법을 익히고 시작하는 것이 좋습니다.

2. 어휘의 수가 독해력을 좌우한다.

영문 독해를 잘 하기 위해서는 단어와 숙어를 많이 알아야 합니다. 한 지문에 모르는 단어가 적어도 4개 이상 된다면 그 지문보다 더 쉬운 지문을 공부하는 것이 좋습니다. 문맥의 앞뒤를 따져 단어를 유추하는 것도 어느 정도의 어휘력이 갖추어져 있을 때 가능한 것입니다. 기초영단어장 한 권을 정해서 외울 수도 있고, 독해책의 지문을 통해 모르는 단어를 정리하면서 공부할 수도 있습니다. 또한 영어의 동사와 전치사의 쓰임을 따로 정리하여 익혀 두는 것도 영어의 감을 높이면서 독해력을 향상시킬 수 있는 한 방법입니다.

3. 우리말이 아닌 영어식 어순으로 읽어야 한다.

정확한 우리말로 맞추기 위해 앞에서 뒤로 왔다갔다 하면서 읽는 것은 시간이 오래 걸리고 비효율적입니다. 직독직해는 영어를 주어진 순서대로 쭉 읽어가며 바로바로 이해하는 것입니다. 여기서는 초보자가 쉽게 문장의 구성을 이해하고 영어식 어

순에 익숙해질 수 있도록 끊어 읽기를 표시해 두었습니다. 그렇다고 단순히 끊어 읽기를 직독직해라 할 수 없습니다. 눈으로 읽어가면서 문장에서 주가 되는 주어, 동사, 목적어, 보어와 보조적 어구를 구별하는 연습을 꾸준히 하시기 바랍니다.

<u>There</u> <u>are</u> <u>thousands of languages</u> (in this world.) <u>English</u> <u>is</u> <u>the official language</u> (of 53 countries).

위 문장에서 밑줄친 부분은 문장의 핵심이 되는 부분이고 괄호를 친 부분은 빼고 읽어도 이해하는데 크게 어려움이 없는 〈전치사+명사〉 부분입니다. 부차적인 정보를 걸러내고 요점만 읽으면 훨씬 빠르고 정확하게 주제를 파악할 수 있습니다.

4. 가지를 보지 말고 줄기를 보아야 한다.

영어 독해는 영문 속에 들어 있는 세세한 정보나 자료를 기억하는 것이 아니라 문장들의 뼈대를 파악하면서 글의 중심사상을 파악하는 능력이 더 중요합니다. 각 단락의 화제와 화제문 찾기 연습을 해 나가면 독해력 향상에 도움이 됩니다. 화제는 어떤 글에 사용된 소재 또는 제재이고, 화제문은 그 단락의 중심사상을 밝혀주는 문장입니다.

5. 다양한 주제의 글을 많이 읽는다.

이 책은 초보자가 읽는데 재미를 붙이면서 독해력을 기를 수 있도록 비교적 길지 않은 유머나 에피소드, 인물 등의 이야기를 화제로 꾸몄습니다. 이 책을 다 본 독자라면 여기서 더 나아가 사회, 과학, 환경, 언어, 동화 원서, 뉴스 기사 등 다양한 분야의 원문을 통해 상식과 지식을 넓히시기 바랍니다.

LEVEL 1

Unit 01	**Roy's Pictures** 로이의 그림	14
Unit 02	**Is It a Cat or a Dog?** 고양이인가 개인가?	18
Unit 03	**Aunt Beth** 베스 이모	22
Unit 04	**Like a Gentleman** 신사답게	26
Unit 05	**Three at a Time** 한 번에 세 벌	30
Unit 06	**God in My Room Next** 옆방의 하느님	34
Unit 07	**At the Top of a High Hill** 언덕 정상에서	38
Unit 08	**Number 13 and a Black Cat** 13과 검은고양이	42
Unit 09	**A Clean Hotel** 깨끗한 호텔	46
Unit 10	**How to Climb a Mountain** 등산하는 법	50
Unit 11	**I've Swallowed a Horse** 말을 삼켰어요	54
Unit 12	**Tom's Sickness** 톰의 병	58
Unit 13	**Suho's Family** 수호의 가족	62
Unit 14	**Dividing the Cows** 소 나누기	66
Unit 15	**Riding a Bicycle** 자전거 타기	70
Unit 16	**The Comics** 만화	74
Unit 17	**An Old Woman's Picture** 어떤 할머니의 사진	78
Unit 18	**Making a Doghouse** 개집 만들기	82
Unit 19	**The Beaver** 비버	86
Unit 20	**The Vikings** 바이킹	90
Unit 21	**Albert Schweitzer** 앨버트 슈바이처	94
Unit 22	**Free Time** 여가	98
Unit 23	**Tigers or Rulers** 호랑이인가, 통치자인가?	102

Unit 24 **An Old Picture** 옛 사진	106
Final Test - 1	110

LEVEL 2

Unit 01 **The Place Where the Key is** 열쇠가 있는 곳	120
Unit 02 **A Holiday in Italy** 이탈리아에서의 방학	124
Unit 03 **The First Woman Doctor** 최초의 여의사	128
Unit 04 **The Bus for Greenfield** 그린필드행 버스	132
Unit 05 **The Hummingbird** 벌새	136
Unit 06 **Clean-up Campaign** 대청소 운동	140
Unit 07 **Our New Babies** 우리의 새 아기들	146
Unit 08 **Cutting the Grass** 잔디 깎기	152
Unit 09 **The Sheep are Waiting** 양들이 기다리고 있어요	158
Unit 10 **The Greatest Match** 최고의 경기	164
Unit 11 **Mt. Everest** 에베레스트산	170
Unit 12 **Columbus and the Moon** 콜럼버스와 달	176
Unit 13 **The Life Story of a Frog** 개구리의 일생	182
Final Test - 2	187

LEVEL 3

Unit 01 **The Three Brothers** 삼형제	196
Unit 02 **Samson and Delilah** 삼손과 데릴라	204
Unit 03 **Mozart in His Requiem** 모짜르트, 그 진혼곡	211
Final Test - 3	219
본문 해석 & 연습문제 정답	224

LEVEL 1

Unit 01 Roy's Pictures

 Step 1 단어 익히기

- **Roy** 로이(남자 이름)
- **draw** 그리다
- **uncle** 삼촌, 외삼촌, 고모부, 이모부, 아저씨
- **easel** 이젤(그림그릴 때 쓰는 도구)
- **paint** 그림물감, 그림물감으로 그리다
- **famous** 유명한
- **for a lot of money** 많은 돈을 주고
- **different from ~** ~와 다른
- **half** 반
- **brush(es)** 솔, 그림붓
- **reach** 닿다

 Step 2 리딩 포커스

1. 로이는 몇 살 때 그림을 그리기 시작했는가?
2. 로이가 다섯 살이 되었을 때, 삼촌은 무엇을 주었는가?
3. 삼촌은 로이의 그림에 대해 어떻게 생각했는가?
4. 로이의 그림은 다른 사람들의 그림과 무엇이 다른가?
5. 로이는 왜 색다른 화법으로 그림을 그리게 되었는가?

Roy began to draw pictures / when he was three years old. //

When he was five, / his old uncle gave him / an easel and some paints. // The boy was very happy / and soon began to paint a picture. //

The picture was very beautiful / and interesting, / and his uncle liked it / very much. //

He said, / "This boy is going to be famous / when he is a little older. // And then / people will want to buy his pictures / for a lot of money."

Roy's picture was very different / from other people's. // Roy only painted / on half of the paper.

One day / his uncle saw Roy / at his easel / in the garden / and said, / "Please tell me this, Roy. // Why don't you paint / on the top half of your pictures?" //

Roy said, / "I'm small, / and my brushes don't reach very high." //

Step 4 어구 해설

1 begin (시작하다, 시작되다)

활용 begin - began - begun - beginning

begin to~ ~하기 시작하다

I **began to** read the book yesterday. 나는 어제 그 책을 읽기 시작했다.

2 a lot of (많은) = **many, much**

셀 수 있는 명사, 셀 수 없는 명사에 모두 쓸 수 있다.

She bought **a lot of** flowers.(= many) 그녀는 많은 꽃을 샀다.
She drank **a lot of** water.(= much) 그녀는 많은 물을 마셨다.

3 draw와 paint의 차이

draw는 '연필이나 펜으로 그리다'라는 뜻이고, paint는 '물감으로 그리다' 또는 '페인트를 칠하다'라는 뜻이다.

Step 5 문법 해설

1 의문사 when과 접속사 when

의문사 when(언제)은 의문문에 사용한다.

When do you eat your lunch? – I eat my lunch at noon.

당신은 언제 점심을 먹습니까? – 정오에 먹습니다.

접속사 when(~할 때, ~했을 때)은 문(절)과 문(절)을 이을 때 쓴다. when절은 앞에 나와도 좋고 뒤로 가도 좋다.

Someone visited me when I was absent.
= **When** I was absent, someone visited me.

내가 자리를 비웠을 때, 누군가가 방문했었다.

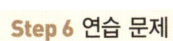 **Step 6** 연습 문제

1. 본문을 참고로 하여 다음 ①~⑦에 알맞은 단어를 넣으세요.

   When did Roy (①   ) to draw pictures?
   He began to draw them (②   ) he was three.

   (③   ) gave him an easel and some paints?
   His old uncle (④   ).

   What did his uncle say about his picture?
   He said, "People will want to buy his picture for (⑤   ) money."

   Did Roy paint on the top half of his picture?
   (⑥   ).

   Why did he paint only on half of the paper?
   (⑦   ) he was small.

2. when을 사용하여 다음을 영작하세요.

   ① 당신은 언제 서울을 방문했습니까?

   ___

   ② 나는 10살 때 처음 서울을 방문했습니다.

   ___

   ③ 서울에서 그녀를 만났을 때 나는 매우 기뻤습니다.

   ___

   ▶ 정답 p.244

Unit 02 Is It a Cat or a Dog?

 Step 1 단어 익히기

- **apartment house** 아파트, (소형) 아파트[빌라] 건물
- **pet** 애완동물
- **don't you?** 그렇지 않니? 안 그래?
- **when** ~할 때
- **pet store** 애완동물 가게)
- **bought** buy(사다)의 과거, 과거분사
- **threw** throw(던지다)의 과거
- **in front of** ~의 앞에
- **caught** catch(잡다)의 과거
- **meet** 마중 나오다

 Step 2 리딩 포커스

1. 맥스는 어떤 집에서 살고 있는가?
2. 맥스는 어떤 동물을 기르게 되었는가?
3. 고양이는 어떤 일을 할 수 있는가?
4. 맥스는 왜 고양이에게 여러 가지 일을 시켰는가?
5. 고양이의 이름은 무엇인가?

Step 3 독해 훈련

Max wanted a dog, / but he could not have one / because he lived in an apartment house. // **(A)**

One day / Max's father said, / "You want a pet, / don't you? / Shall we buy a cat?" //

"Oh, yes," / said Max. / "If I can't have a dog, / then a cat is a good pet." // **(B)**

Max and his father went to the pet store / and bought a cat. // Max's father said, / "Love your pet, Max." // **(C)**

When they came back home, / Max made a small paper ball / and threw it / in front of the cat. // The cat caught the ball / and carried it to him. //

"What a nice cat!" / said Max. / "She can catch a ball." //

That night, / the cat slept / in Max's room / with him. **(D)**//

The next day, / when Max came home from school, / the cat was waiting for him / at the door. //

Max said, / "This cat is like a dog. // She can catch a ball. // She sleeps in my room. // She meets me after school. // I'm going to call her 'Dog'." **(E)**

 **Step 4 어구 해설**

1. **meet** (만나다)

   활용 meet - met - met - meeting

   meet에는 '마중하다, 맞이하다'라는 의미도 있다.

   She **meets** me when I come home. 내가 집에 돌아올 때 그녀가 마중 나온다.

2. **call** … ~ (…을 ~라고 부르다)

   Please **call** me Max. 맥스라고 불러 주세요.

   I'm going to **call** her 'Dog'. 나는 고양이를 Dog라고 부를 거야.

   *개는 he로, 고양이는 she로 나타낸다.

 **Step 5 문법 해설**

1. 명령문

   명령문에서는 주어가 생략되고, 원형동사를 사용한다. 특히 be동사를 사용할 때 주의하자.

   Love your pet, Max. 맥스, 너의 애완동물을 사랑해줘라.

   Boys, **be** ambitious! 소년이여, 야망을 가져라!

   Be quiet, everyone. 모두 조용히 해 주세요.

   please를 붙이면 명령이라기보다는 정중한 요청이 된다.

   Please be kind to other people. 다른 사람들에게 친절하세요.

   부정 명령(금지)은 Don't를 붙인다.

   Don't eat candies. 캔디를 먹지 마.

   Don't be silly. 바보 짓 하지 마.

Step 6 연습 문제

1. 다음 문장은 (A)~(E) 중에서 어디에 들어가는 것이 가장 적당한가?

   But Max still liked dogs better than cats. "A dog can catch a ball. A dog sleeps in my room with me at night. A dog meets me when I come home from school. But I will love this new pet." said Max.

2. 다음의 질문에 영어로 대답하세요.

   ① Did Max and his father go to the pet store to buy a dog?

   ② Who made a small paper ball?

3. 본문의 제목으로 가장 적당한 것은?

   ① Max's Pet Called Cat   ② Max's Pet Called Dog
   ③ Max's Cat and His Room   ④ Max's Cat and His Father's Dog

4. 다음을 영작하세요.

   ① 저에게 지우개(eraser)를 주세요.

   ② 좋은 소년이 되어라.

   ③ 내 방에서 자지 마라.

▶정답 p.244

Unit 03 Aunt Beth

Step 1 단어 익히기

- **usually** 대개, 흔히, 보통
- **Aunt Elizabeth = Aunt Beth**
  엘리자베스 이모(Beth는 Elizabeth의 애칭)
- **arrive** 도착하다
- **plane** airplane의 준말
- **airport** 공항
- **meet** 마중 나가다
- **doll** 인형
- **on their way to** ~로 가는 도중에
- **ground** 땅, 지면

Step 2 리딩 포커스

1. 각 단락은 하루씩으로 되어 있다. 각각 어떤 일들이 있었는가?
2. 릴리는 어떤 여자 아이인가?
3. 릴리는 어떤 선물이 가장 마음에 들었는가?
4. 릴리는 왜 슬펐는가?
5. 릴리는 베스 이모가 어디에서 살고 있다고 생각하는가?

Step 3 독해 훈련

Lily is six years old. // She usually plays alone / for hours, / because she has no brothers or sisters. // One day / her mother said, / "Lily, / Aunt Elizabeth is going to come / and stay here / for a few days." // Lily calls her Aunt Beth. // She is four years younger / than Lily's mother. //

Aunt Beth arrived by plane / on Friday afternoon. // Both Lily and her mother / went to the airport / to meet her. // Aunt Beth was carrying a big bag / which had a lot of presents / for Lily. // Among them / there was a pretty doll. // Lily liked it / very much. // After dinner / she enjoyed playing games / with Aunt Beth. // She was very happy.

On Sunday evening, / Aunt Beth said to Lily, / "I'll have to go home tomorrow." // Lily was very sad, / because she loved her aunt.//

The next day, / Lily and her mother / went to the airport / with Aunt Beth. // On their way to the airport / Lily said, / "Aunt Beth, / please stay here one more day." // Aunt Beth said, / "I'm sorry, / Lily, / but I'm too busy / to stay here longer, / I'll come again." // As soon as / her aunt went into the plane, / she began to cry / and said, / "Why does Aunt Beth live in the sky / and not on the ground / like everybody / I know?"//

▶해석 p.224

 **Step 4 어구 해설**

1   on one's way to ~ (~로 가는 도중에)

On their way to the airport, they talked.
공항으로 가는 도중에 그들은 이야기했다.

On my way to school, I met my friend.
학교로 가는 도중에 나는 친구를 만났다.

2   as soon as ~ (~하자마자)

As soon as he got home, he went to bed.
집에 도착하자마자 그는 잤다.

 **Step 5 문법 해설**

1   too ··· to ~ (너무 ···해서 ~할 수 없다)

too 뒤에는 형용사 또는 부사, to 뒤에는 동사원형이 온다.

I am **too** busy **to** stay here long.
= I am so busy that I can't stay here long.
나는 너무 바빠서 여기 오래 있을 수 없다.

He is **too** young **to** go on a trip alone.
= I am so young that he can't go on a trip alone.
그는 너무 어려서 혼자 여행할 수 없다.

 **Step 6 연습 문제**

1. 본문의 제목으로 가장 적당한 것은?

   ① A Present for Lily   ② Aunt from the Sky
   ③ At the Airport   ④ Lily and Her Mother

2. 다음은 본문의 내용을 요약한 것입니다. ①~⑥에 알맞은 말을 보기에서 고르세요.

   (①) is a little girl. She usually plays alone. One day her aunt Elizabeth came to see her family (②). She was very happy. On (③) aunt Beth had to go home. She couldn't stay longer. She was (④) busy. At the airport Lily cried. (⑤) she thought her aunt lived (⑥) and couldn't come to see her very often.

   > 보기
   >
   > Sunday, Monday, Lily, not, very, because, by plane, by bus, in a town, in the sky (첫 글자를 대문자로 써야 할 경우 고쳐 씀)

3. 우리말과 일치하도록 단어를 알맞게 배열하여 문장을 완성하세요.

   ① 그는 너무 피곤해서 숙제할 수 없다.

      he, tired, his homework, is, do, too, to

   _____

   ② 그녀는 나를 보자마자 도망쳤다.

      she, me, saw, ran, away, as soon as

   _____

   ▶정답 p.244

Unit 04 Like a Gentleman

 Step 1 단어 익히기

- **go shopping** 물건 사러 가다, 쇼핑하러 가다
- **stay** 계속[그대로] 있다
- **till** ~까지
- **come back** 돌아오다
- **kind** 친절한
- **glad** 기쁜, 반가운, 고마운
- **in half** 반으로
- **kitchen** 부엌
- **gave** give(주다)의 과거
- **piece** 조각
- **gentleman** 신사

 Step 2 리딩 포커스

1. 엄마는 아이들을 어디로 데리고 갔는가?
2. 이모는 디클랜과 엠마에게 무엇을 주었는가?
3. 이모는 디클랜에게 어떻게 하라고 말했는가?
4. 디클랜은 속으로 무슨 생각을 했는가?
5. 케이크는 누가 잘랐는가?

Step 3 독해 훈련

Declan was seven years old, / and his sister, / Emma, / was five. // One day / their mother took them / to their aunt's house. // Their mother said to them, / "Now I'll go shopping. // Stay here / with your aunt / till I come back." //

The children played together / for an hour. // **(A)** <u>Declan was so kind to his sister / that his aunt was glad.</u> // Then / their aunt took them / into the kitchen. // She gave Declan / a nice cake and a knife / and said, / "Now / here is a knife, / Declan. // Cut this cake in half / and give one of the pieces to Emma, / **(B)** <u>but do it like a gentleman."</u> //

"Like a gentleman?" // Declan asked. // "How does a gentleman do it?" //

"A gentleman always gives the bigger piece / to the other person." // answered the aunt at once. //

"Oh," / said Declan. //

He said to himself, / "If I cut it, / I can't get the bigger piece. // Shall I ask Emma / to cut it? // But Emma is my little sister."

Then Declan cut the cake himself, / and gave her the bigger piece. // His aunt saw that / and smiled.

Step 4 어구 해설

1 **cut** (자르다)

활용 cut – cut – cut – cutting

2 **with**의 용법

① ~와 함께

Stay here **with** your aunt. 이모와 함께 여기 있어라.

② ~을 사용하여

Cut the cake **with** a knife. 나이프로 케이크를 잘라.

3 **like** (~처럼)

Do it **like** a gentleman. 신사답게 그것을 해라.

She lives there **like** everyone else. 그녀는 다른 누구나처럼 그곳에 산다.

He walks **like** a bear. 그는 곰처럼 걷는다.

Step 5 문법 해설

1 **so … that ~** (너무 …해서 ~하다)

Declan was **so** kind **that** his aunt was glad.

디클랜이 아주 친절해서 이모는 기뻤다.

so의 뒤에는 형용사나 부사가 오고, that 뒤에는 절이 온다. that 뒤의 절이 부정문일 때는 too … to ~의 표현으로 바꿀 수 있다.

I am **so** busy **that** I **can't** go with you.

= I am **too** busy **to** go with you.

나는 너무 바빠서 너와 같이 갈 수 없다.

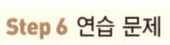 **Step 6 연습 문제**

1. 밑줄 친 (A)를 우리말로 옮기세요.

   _____

2. 밑줄 친 (B)의 구체적인 내용은 다음 중 어느 것인가?

   ① ask Emma to cut the cake   ② cut the cake with a knife
   ③ take your piece to the kitchen   ④ give the bigger piece to Emma

3. 본문의 내용과 일치하는 것은?

   ① 엄마는 아이들을 이모 집에 두고 이모와 함께 물건을 사러 나갔다.
   ② 디클랜은 이모에게 왜 신사는 작은 케이크 조각을 먹어야 하는지 물었다.
   ③ 디클랜은 여동생에게 케이크 자르라고 말하려 했지만 자신이 잘랐다.
   ④ 이모가 아무 말도 하지 않았는데 디클랜은 케이크를 잘라서 큰 쪽을 여동생에게 주었다.

4. 다음을 영작하세요.

   ① 연필로 쓰세요.

   _____

   ② 그는 어린애처럼 울었다.

   _____

   ③ 나는 너무 기뻐서 즉시 집으로 뛰어 돌아왔다.

   _____

5. 다음을 so ~ that … 문장으로 바꾸세요.

   The man is too old to go up the hill.
   The man is _____

▶ 정답 p.244

Unit 05 Three at a Time

Step 1 단어 익히기

- **thin** 야윈, 마른
- **person** (개개의) 사람, 개인
- **criticize** 비판하다, 비난하다, 비평하다
- **husband** 남편
- **anyone else** 그 외에 누군가
- **neighbor** 이웃(사람)
- **hole** 구멍
- **collar** (와이셔츠 따위의) 칼라, 깃
- **put ~ on** ~을 입다
- **shout** 외치다, 소리[고함]치다
- **wrong** 나쁜, 잘못된

Step 2 리딩 포커스

1. 누구와 누구의 이야기인가?
2. 애셔 부인의 성격은 어떠한가?
3. 애셔 씨에 대해서는 어떠한가?
4. 부인은 가게에 무엇을 하러 갔는가?
5. 그리고 그 다음날 아침에 어떻게 되었는가?

 **Step 3 독해 훈련**

Mr. Asher is sixty-five, / and his wife is sixty-one. // Mr. Asher is small and thin, / and his wife is big and tall. // She is not a happy person. // She always criticizes everybody / and everything, / and she criticizes her husband / (1) than anyone else. // She always says / to her neighbors, / "He never does (2) right." //

Last month / she said to her husband, / "Look at your (3)! // There are two holes / in the collar! // I'm going to buy you / some new shirts." //

She went to the shops / that afternoon / and (4) him / three new shirts. //

The next morning, / Mr. Asher put one of them on / and went down to the kitchen. //

Mrs. Asher looked at him / and then / shouted (5), / "And what's wrong / with the other two shirts? // Don't you like them?" //

Step 4 어구 해설

1 사람에 관한 표현

나이를 가리키는 숫자 뒤의 **years old**는 생략하기도 한다.

Mr. Asher is sixty-five (years old). 애셔 씨는 65세이다.

체격과 생김새에 관한 표현

big (체구가 큰) - small (체구가 작은)
tall (키가 큰) - short (키가 작은)
fat (뚱뚱한) - thin (야윈)
handsome (잘생긴) - beautiful (아름다운)

2 ~ else (그 밖의 ~)

보통, 의문사와 no-, some-, any- 가 붙은 말의 뒤에 온다.

Who **else** is coming? 그 밖에 누가 올 건가요?
Nobody **else** knows it. 그 밖의 사람들은 아무도 그것을 모른다.

Step 5 문법 해설

1 비교 표현

① 비교급 (-er than ⋯)

This box is big**ger than** that one. 이 상자는 저것보다 크다.

② 긴 단어(3음절 이상)의 비교급 (more ~ than ⋯)

I think roses are **more** beautiful **than** tulips.
나는 튤립보다는 장미가 더 아름답다고 생각한다.

③ 불규칙한 변화를 하는 비교급, 최상급

many (수가 많은) - more - most   much (양이 많은) - more - most
good (좋은) - better - best   well (건강한) - better - best
little (작은) - less - least   bad (나쁜) - worse - worst

Step 6 연습 문제

1. 본문의 (1)~(5)에 각각 들어갈 가장 알맞은 것을 고르세요.

   (1) ① better   ② much   ③ hard   ④ more
   (2) ① anything   ② everything ③ nothing   ④ something
   (3) ① trousers   ② sweater   ③ shirt   ④ head
   (4) ① bought   ② wore   ③ made   ④ had
   (5) ① happily   ② angrily   ③ luckily   ④ friendly

2. 다음 ( ) 안의 단어를 영문에 맞도록 바른 형태로 고치세요.

   ① This watch is (expensive) than that one. _____
   ② Mr. Kim is (tall) than his father. _____

3. 다음 단어의 비교급을 쓰세요.

   ① old   _____
   ② big   _____
   ③ good   _____
   ④ many   _____
   ⑤ much   _____

▶정답 p.244

Unit 06 God in My Room Next

Step 1 단어 익히기

- **chocolate** 초콜릿
- **never** 결코[절대/한 번도] … 않다
- **gave** give(주다)의 과거
- **teeth** 이, 치아, 이빨
- **thought** think(생각하다)의 과거, 과거분사
- **brought** bring(가져오다)의 과거, 과거분사
- **birthday** 생일
- **prayer** 기도
- **shout** 외치다, 소리[고함]치다
- **quickly** 빨리, 빠르게
- **clever** 영리한, 똑똑한

Step 2 리딩 포커스

1. 존이 좋아하는 것은 무엇인가?
2. 엄마는 초콜릿에 대해 어떻게 생각하는가?
3. 할아버지는 손자에게 어떻게 해 주었는가?
4. 존은 왜 큰소리로 기도했는가?

John liked chocolates very much, / but his mother never gave him any, / because they were bad / for his teeth, / she thought. // But John had a very nice grandfather. // The old man loved his grandson / very much / and sometimes / he brought John chocolates / when he came to visit him. // Then / his mother let him eat them, / because she wanted to make the old man / happy. //

One evening, / a few days before John's seventh birthday, / he was saying his prayers / in his bedroom / before he went to bed. // "Please, / God," / he shouted, / "make them give me a big box of chocolates / for my birthday on Saturday." //

His mother was in the kitchen, / but she heard the small boy shouting / and went into his bedroom / quickly. //

"Why are you shouting, / John?" // she asked her son. // "God can hear you / when you talk quietly." //

"I know," / answered the clever boy / smiling. // "but Grandfather is / in the next room, / and he can't." //

▶해석 p.225

Step 4 어구 해설

1. **make의 여러 가지 의미**

   ① ~을 만들다

      He **made** a big box. 그는 큰 상자를 만들었다.

   ② A에게 B를 만들어 주다 [A ≠ B]

      He **made** Mary a big doll. 그는 메리에게 큰 인형을 만들어 주었다.

   ③ A를 B로 만들다 [A = B]

      He **made** his son a doctor. 그는 아들을 의사로 만들었다.

      He **made** his mother sad. 그는 엄마를 슬프게 했다.

   ④ A에게 B하도록 시키다

      He **made** his dog go back home. 그는 개를 집으로 돌아가게 했다.

Step 5 문법 해설

1. **let, make + … + 동사원형**

   let, make, have는 '~하도록 시키다'라는 의미의 사역동사로 쓰인다.
   이 때 목적어 뒤의 동사는 동사원형(to 없는 부정사)을 사용하는 것에 주의.
   He **made** me **go** there alone. 그는 나에게 혼자 거기에 가도록 시켰다.
   to 없는 부정사를 사용하는 것에는 see, hear, feel 등의 지각동사도 있다.
   I **saw** a dog **run**. 나는 개가 달리는 것을 보았다.

2. **make + (대)명사 + 형용사의 문형**

   이때의 make는 '…을 ~로 만들다'의 의미가 된다.
   John **made** the old man **happy**. 존은 그 노인을 행복하게 만들었다.

Step 6 연습 문제

1. 본문을 읽고 다음 물음에 우리말로 답하세요.

   ① 엄마가 John에게 초콜릿 먹는 것을 허락할 때는 언제인가?
   _____

   ② 엄마가 초콜릿 먹는 것을 허락하는 이유는 무엇인가?
   _____

   ③ John은 무엇을 위해 기도했는가?
   _____

   ④ John이 큰 소리로 기도한 이유는 무엇인가?
   _____

2. 다음 영문을 우리말로 옮기세요.

   ① They had him make a new plan.
   _____

   ② The new business made them rich as before.
   _____

▶정답 p.245

Unit 07 At the Top of a High Hill

 Step 1 단어 익히기

- **about** ~쯤에, ~경에
- **noon** 정오
- **hill** 언덕, 작은 산
- **suddenly** 갑자기
- **cry** 소리치다
- **far away** 저 멀리
- **snow** 눈
- **blue** 파란
- **clean** 맑은
- **kilometer** 킬로미터
- **distant** (거리가) 먼

 Step 2 리딩 포커스

1. 본문의 배경은 어디인가?
2. 가장 먼저 한라산을 본 사람은 누구인가?
3. 한라산의 모습은 어떠했는가?
4. 아빠는 한라산을 무엇과 비교했는가?

 **Step 3 독해 훈련**

About noon / we arrived / at the top of a high hill / and sat down / under a tree / to have lunch. // Sandwiches (A) by mother / were very nice / after a long walk. //

When we were eating, / my brother suddenly cried, / "Look! // A white mountain over there!" //

Far away over the hills, / we could see a high mountain / which was white with snow. // **(B)** It looked small / under the blue sky. //

"Oh, / that's Mt. Hanla! // The air is so clean / after the rain / that we can see a long way. // That mountain is two kilometers away," / said mother. //

"Only two kilometers? // I can see much more distant things, / my boys," / said father. //

"Really?" / we asked. //

"In the evening," / answered father, / "we can see the moon. // Which is more distant, / the moon / or Mt. Hanla?" //

 **Step 4 어구 해설**

1 **look의 의미**

look at (~을 바라보다)

We **looked at** the box carefully. 우리는 그 상자를 주의 깊게 보았다.

look + 형용사 (~처럼 보이다)

You **look happy**. 넌 행복해 보여.

Your father **looks** very **young**. 너의 아빠는 무척 젊어 보인다.

2 **비교급을 강조하는 much**

much + 비교급 (훨씬 더)

This apple is **much** big**ger** than that one. 이 사과는 저것보다 훨씬 크다.

She is **much more** beautiful than I. 그녀는 나보다 훨씬 아름답다.

 **Step 5 문법 해설**

1 **명사를 수식하는 과거분사 (형용사적 용법)**

'~된, ~진'이라는 뜻으로 수동의 의미를 갖는다.

This is a sweater **made** by my sister. 이것은 나의 누나가 만든 스웨터이다.

The story **told** there was interesting. 그곳에서 들은 그 이야기는 재미있었다.

똑같은 역할을 하는 현재분사(-ing)와 비교해 보자.

The man **telling** a story is Mr. Brown. 이야기를 하고 있는 남자는 브라운 씨다.

Step 6 연습 문제

1. (A)의 ( ) 안에 들어갈 가장 알맞은 말은?

   ① make   ② made   ③ making   ④ made

2. 밑줄 친 (B)를 우리말로 옮기세요.

3. 본문의 내용에 나타난 아빠의 마음으로 가장 적당한 것은?

   ① 가족에게 달까지 거리를 물어 보아야겠다.
   ② 한라산을 보고 놀라는 가족에게 농담을 하고 싶다.
   ③ 가족에게 어느 산이 가장 높은지 맞혀 보라고 해야지.
   ④ 한라산까지는 너무 멀어서 갈 수 없다고 가족에게 말해 줘야지.

4. 본문 내용 순서에 맞도록 다음의 각 문장을 나열하세요.

   ① About noon we arrived at the top of a hill.
   ② Mother said it was Mt. Hanla.
   ③ Father said, "Which is more distant, the moon or Mt. Hanla?"
   ④ My brother found a white mountain far away.

5. 우리말에 맞도록 ( ) 안에서 알맞은 말을 고르세요.

   ① He (look, looks, looks at) very strong.
   그는 무척 튼튼한 듯이 보인다.
   ② Tom can swim (very, more, much) faster than I.
   톰은 나보다 훨씬 빨리 헤엄칠 수 있다.

▶정답 p.245

Unit 08 Number 13 and a Black Cat

 Step 1 단어 익히기

- □ **town** (도시(city)보다 작은) (소)도시, 읍
- □ **move** 이사하다
- □ **to the south** 남쪽으로
- □ **warm** 따뜻한
- □ **unlucky** 불길한
- □ **husband** 남편
- □ **borrow** 빌리다
- □ **neighbor** 이웃사람
- □ **get out of** ~에서 내리다
- □ **jump out** 뛰어 나가다
- □ **grass** 잔디밭, 풀(밭)
- □ **bought** buy(사다)의 과거, 과거분사

 Step 2 리딩 포커스

1. 잭슨 부부는 어디에 살고 있는가?
2. 잭슨 씨는 왜 이사하려고 하는가?
3. 잭슨 씨의 집은 왜 팔리지 않았는가?
4. 화이트 부부가 집을 보러 왔을 때, 잭슨 씨는 어떻게 했는가?
5. 잭슨 씨의 집은 어떻게 되었는가?

Step 3 독해 훈련

Mr. Jackson was an old man. // He lived in a small town / near New York. // He wanted to move to the south / because it was warmer there / in winter. // Mr. Jackson could not sell his house. // He lived at number 13, / Station Road. // In America and England, / number 13 is an unlucky number, / so nobody wanted to buy Mr. Jackson's house. //

One evening / Mrs. Jackson said to her husband, / "We must change the number of our house / from 13 to 12A. // Then / somebody may buy it." //

Mr. Jackson changed the number of the house. // Then he borrowed a black cat / from a neighbor. // He put it / in a basket. // People think / black cats are lucky. //

The next day, / Mr. and Mrs. White / came to look at the house. // Mr. Jackson saw them / get out of their car. // He opened his basket / and the black cat jumped out. // It ran out of the house / and across the grass / to its home. // Mrs. White saw the cat. //

"Oh!" / she said to her husband. // "There is a black cat. // This house will be lucky for us." //

They looked at the house / and bought it. // Mr. and Mrs. Jackson / were very happy / because they could move / to a warmer town. //

▶ 해석 p.226

Step 4 어구 해설

1. then (그때, 그러고 나서, 그러면)

He lived in a small town **then**. 그는 그때 작은 도시에 살고 있었다.
Then he borrowed a black cat. 그러고 나서 그는 검은 고양이를 빌렸다.
Then somebody may buy it. 그러면 누군가 그것을 살지도 모른다.

2. want to ~ (~하기를 원하다)

자신이 하고 싶은 경우
He **wanted to** move to the south. 그는 남쪽으로 이사 가고 싶었다.

다른 사람이 해주기를 바라는 경우
He **wanted** somebody **to** buy his house.
그는 누군가 그의 집을 사기를 원했다.

Step 5 문법 해설

1. must(~해야 한다)의 용법

We **must** change the number of our house.
우리는 집의 번지수를 바꿔야만 한다.
Must I go there? 내가 그곳에 가야만 합니까?
- Yes, you must. 가야 한다.
- No, you don't have to. 갈 필요 없다.
- No, you mustn't. 가면 안 된다.

2. may(~일 지도 모른다)의 용법

Somebody **may** buy our house. 누군가 우리 집을 살지도 모른다.
He **may** not come tomorrow. 그는 내일 오지 않을지도 모른다.

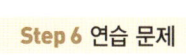 

Step 6 연습 문제

1. 다음 ①~⑧ 중 본문의 내용과 일치하는 것을 있는 대로 고르세요.

   ① Mr. Jackson's house was in New York.
   ② Mr. Jackson wanted to live in a warmer town.
   ③ Nobody wanted to buy Mr. Jackson's house because it was a very small one.
   ④ Mr. and Mrs. Jackson moved to a house whose number was 12A.
   ⑤ A neighbor lent a black cat to Mr. Jackson.
   ⑥ Black cats are believed to be lucky.
   ⑦ Mr. Jackson wanted somebody to buy his house.
   ⑧ Mr. and Mrs. Jackson came to look at Mr. Brown's house.

2. 우리말에 맞도록 ( ) 안에 알맞은 말을 넣으세요.

   ① My father wants (   ) visit Busan.
   아빠는 부산에 가고 싶어 하신다.

   ② You (   ) listen to your teacher.
   너는 선생님 말씀을 잘 들어야 한다.

   ③ You (   ) eat too much.
   너는 과식하면 안 된다.

   ④ It (   ) rain tomorrow.
   내일 비가 올지도 모른다.

   ▶ 정답 p.245

Unit 09 A Clean Hotel

Step 1 단어 익히기

- **rich** 부유한, 돈 많은, 부자인
- **holiday** 휴가; 방학
- **cheap** (값이) 싼, 돈이 적게 드는
- **dirty** 더러운, 지저분한
- **place** 장소, 곳
- **different** 다른, 차이가 나는
- **manager** 지배인, 경영자
- **sheet** 시트(침대 위에 까는 천)
- **wash** 씻다; 세탁하다
- **wet** 축축한
- **still** 아직(도) (계속해서)

Step 2 리딩 포커스

1. Mr. Wood는 어떤 사람인가?
2. Mr. Wood는 매년 어디에 갔었는가?
3. Mr. Wood는 어떤 성격을 갖고 있는가?
4. 친구는 그에게 무엇을 권하였는가?
5. 그 결과는 어떻게 되었는가?

Mr. Wood was twenty-three years old / and not very rich. // He was not married / and he lived / in two rooms / in a small house / in a city. // Every summer, / Mr. Wood went down to the sea / for a holiday. // He stayed in small, / cheap hotels, / but he always wanted / to have a clean room. // He didn't like dirty places. //

One summer / a friend of his said, / "Go to the Tower Hotel / in Florida. // I went there last year, / and it was very nice / and clean." //

So Mr. Wood went to the Tower Hotel / in Florida. // But there was a different manager / that year. // The new manager took him / to the room. //

"Are the sheets on the bed clean?" / asked Mr. Wood. //

"Yes, / of course they are!" / he answered / in an angry voice. // "We washed them / this morning. // Touch them. // They are still wet." //

Step 4 어구 해설

1. be married (기혼이다)

be + 과거분사의 형태로 되어 있어서 수동태인 것 같지만 그렇지 않다.

He was not married. 그는 결혼하지 않았다. …상태

'결혼하다'라고 할 때는 get married를 사용한다.

They got married in June. 그들은 6월에 결혼했다.

2. take … to ~ (…을 ~로 데리고 가다)

The manager took him to the room. 지배인은 그를 방으로 데리고 갔다.
The boy took his dog to the park. 소년은 개를 공원으로 데리고 갔다.

Step 5 문법 해설

1. 명사 + 전치사 + 명사의 형태

'침대 위의 시트'는 the sheets on the bed와 같이 전치사 + 명사가 그 앞의 명사를 뒤에서 수식하는 일이 많다.

the sheets on the bed

　(명사)　　(전치사 + 명사)

Are the sheets on the bed clean? 침대의 시트는 깨끗합니까?

이것은 관계대명사 + be동사 형태로 바꿀 수 있다.

Are the sheets which are on the bed clean?

하지만 최대한 간단한 형태로 표현하는 것이 더 좋은 영어이다.

Step 6 연습 문제

1. 본문을 읽고 내용에 일치하는 것은 ○표, 일치하지 않는 것은 ×표를 하세요.

   ① Mr. Wood's house was not a very large one. (   )
   ② Mr. Wood did not have a wife. (   )
   ③ Mr. Wood went to cheap hotels because they were clean. (   )
   ④ Mr. Wood went to cheap hotels because he did not have much money. (   )
   ⑤ Mr. Wood's friend liked the Tower Hotel very much. (   )
   ⑥ It was very difficult for Mr. Wood to find a cheap, clean hotel. (   )
   ⑦ The sheets on Mr. Wood's bed were very clean and dry. (   )
   ⑧ The sheets on Mr. Wood's bed were very clean but wet. (   )
   ⑨ The manager got angry because he had to wash the sheets. (   )
   ⑩ Mr. Wood was angry because the sheets on his bed were wet. (   )
   ⑪ The manager got angry because Mr. Wood asked him about the clean sheets on the bed. (   )
   ⑫ The new manager got angry because Mr. Wood said that there was a different manager at the hotel. (   )

2. 다음 문장들에서 생략할 수 있는 부분을 고르세요.

   ① The book which is on the desk was given by my father.
   ② Look at the baby who is on the bed.

▶정답 p.245

Unit 10 How to Climb a Mountain

Step 1 단어 익히기

- **climb** 오르다
- **motto** 모토, 좌우명
- **breathe** 숨 쉬다
- **regularly** 규칙적으로
- **whole** 전체의, 모든
- **flat** 평평한, 편평하게
- **weight** 무게, 체중
- **couple of ~** 두엇의 ~
- **now and then** 때때로
- **scenery** 풍경
- **refreshment** 원기회복, 피로풀기

Step 2 리딩 포커스

1. 이 글에 동사원형으로 시작되는 문장이 많은 것은 무슨 이유인가?
2. 오르는 속도는 어떻게 하라고 했는가?
3. 호흡은 어떻게 하라고 했는가?
4. 발을 어떻게 옮기라고 했는가?
5. 어떻게 휴식하라고 했는가?

How does a man go up a mountain / without getting tired? // The motto is: //

Go slow. // Don't try to run up the mountain / and be there / before your friends. //

Take your time; // breathe regularly, / taking two steps / while you breathe in / and two more / while you breathe out. //

Be careful / to put the whole of your foot flat / on the ground; / you should feel the ground / with it first, / before you put your weight / on it. //

Do not sit down / every five minutes / but miss a couple of steps / now and then / to look at the scenery. //

Only sit down / when it's time for food / or a refreshment. // If you remember all this, / you will go up a mountain / easily. //

▶ 해석 p.226

Step 4 어구 해설

1. How ~? (어떻게, 어느 정도)

방법이나 정도 등을 물을 때 쓴다.

How do you go to school? 학교에 어떻게 갑니까? - 통학방법
- I go to school by bus. 버스를 타고 학교에 갑니다.

How old are you? 몇 살이니?
- I am twelve years old. 12살이야.

2. up (~위에, ~위로)

위쪽이나 중심을 향하는 운동 또는 상태를 나타낸다.

They went **up** the mountain. 그들은 그 산을 올라갔다.
She came **up** to me. 그녀는 내 쪽으로 왔다.

Step 5 문법 해설

1. 명령문

명령문은 동사원형을 사용한다.

① 기본 형태

Stand up. 일어서라.

② please가 붙은 정중한 표현

Please come in. 들어오세요.

③ 부정 명령(금지의 표현)

동사원형 앞에 Don't를 붙이면 부정명령문이 된다.

Don't go there. 거기에는 가지 마.

④ 간접 명령문

동사원형 앞에 Let's를 붙이면 간접명령문이 된다.

Let's play tennis. 테니스 치자.

Step 6 연습 문제

1. 본문에서 설명하고 있는 등산할 때 필요한 4가지 사항을 우리말로 쓰세요.

   ① _____
   ② _____
   ③ _____
   ④ _____

2. 본문의 밑줄 친 it은 무엇을 가리키는지 영어로 쓰세요.

   _____

3. 다음과 같은 경우에 영어로 어떻게 말해야 하는가?

   ① John에게 자신이 있는 곳으로 오라고 할 때

   _____

   ② 상대방에게 개를 조심하라고 경고하고 싶을 때

   _____

▶ 정답 p.245

Unit 11 I've Swallowed a Horse

 Step 1 단어 익히기

- **swallow** 삼키다
- **go to see a doctor** 진찰받으러 가다
- **ill** 병든
- **at first** 처음에는
- **brown** 갈색의
- **a few seconds** 잠깐
- **stomach** 위
- **trouble** 통증; 곤란
- **injection** 주사
- **borrow** 빌다
- **woke** wake(잠깨다)의 과거

 Step 2 리딩 포커스

1. ①은 말이 어떻다는 내용인가?
2. ②는 진찰의 시작인가, 마침인가?
3. ③은 말이 어떻다는 내용인가?
4. ④는 의사가 어떻게 했다는 내용인가?

 **Step 3 독해 훈련**

One day / a man went to see his doctor / and said to him, / "I've swallowed a horse, / doctor, / and I feel very ill." //

① At first / Mr. Kent was very happy, / but then / he looked at the horse again / and said, / "But doctor, / my horse was white, / and this one is brown." //

② The doctor thought / for a few seconds / and then said, / "All right, / Mr. Kent, / I'll help you. // Please lie down / on this bed." //

③ "Here's the horse, / Mr. Kent," / the doctor said. // "I've taken it / out of your stomach, / and it won't give you / any more trouble / now." //

④ The doctor's nurse gave the man an injection, / the man went to sleep, / and the doctor went out quickly / to look for a horse / in the town. //

⑤ After half an hour / he found one, / borrowed it / and took it into his office, / so when Mr. Kent woke up, / it was there / in front of him. //

▶해석 p.227

Step 4 어구 해설

1. one day (어느 날)

one day는 '과거의 어느 날' some day는 '미래의 어느 날'을 뜻한다.

One day he came to see me. 어느 날 그는 나를 만나러 왔다.

I will visit the farm again **some day**. 나는 언젠가 그 농장을 다시 방문할 것이다.

2. lie와 lay

lie는 '눕다'라는 뜻의 자동사이고, lay는 '눕히다'라는 뜻의 타동사이다.

lie – lay – lain – lying
lay – laid – laid – laying
cf. lie(거짓말하다) – lied – lied – lying

Step 5 문법 해설

1. 현재완료

'~해 버렸다(그래서 지금은 …이다)' (결과)

I lost my watch. And I don't have it now.

나는 시계를 잃어버렸다. 그리고 지금은 그것이 없다.

이 두 문장을 현재완료형을 사용하여 한 문장으로 표현할 수 있다.

I **have lost** my watch.

나는 시계를 잃어버렸다. – 그래서 지금 나에게는 시계가 없다.

2. one과 it의 차이

one은 같은 종류의 것을 가리키고, it은 같은 것을 가리킨다.

I don't have a pen. Do you have **one**?

나는 펜이 없어요. 당신은 있나요?

I don't have the pen. Do you have **it**?

나는 그 펜이 없어요. 당신이 그것을 갖고 있나요?

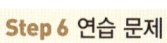 **Step 6 연습 문제**

1. 본문을 순서대로 바르게 나열하세요.

   _____

2. 같은 의미의 문장이 되도록 밑줄 친 부분에 알맞은 영어를 쓰세요.

   ① Spring came, and it is spring now.
   → Spring _____ _____.

   ② He broke the window, and it is still broken.
   → He _____ _____ the window.

3. 다음 괄호 안에 들어 갈 것을 고르세요.

   ① A: 나 어제 노트 샀어.
   　　I bought the note yesterday.
   　B: 내가 그것을 내일 빌릴 수 있을까?
   　　Can I borrow (it / one) tomorrow?

   ② A: 너 노트북 가지고 있니?
   　　Do you have a laptop computer?
   　B: 아니, 안 가지고 있어.
   　　No, I don't have (it / one).

   ③ 나는 내 연필을 잃어 버렸어, 하지만 난 그것을 찾았어.
   　I lost my pencile, but I found (it / one).

▶ 정답 p.246

Unit 12 Tom's Sickness

 Step 1 단어 익히기

- **became** become(~이 되다)의 과거
- **almost** 거의
- **sleepy** 졸리운, 졸음이 오는
- **either** (부정문에서) …도[또한/역시] (그렇다)
- **as soon as** ~하자마자
- **got** get(도착하다)의 과거, 과거분사
- **look** ~처럼 보이다
- **you'd better = you had better**
  ~하는 편이 좋다
- **kitchen** 부엌
- **kind** 친절한, 상냥한
- **dinner** 저녁식사

 Step 2 리딩 포커스

1. 누가 병에 걸렸는가?
2. 자지 않고 간호한 것은 누구였는가?
3. 제인은 방과 후에 평소와 어떻게 다른 행동을 했는가?
4. 남동생의 상태는 어떻게 되었는가?
5. 제인은 내일도 엄마를 도울 것인가?

 **Step 3 독해 훈련**

Last night / my little brother Tom / became sick. // Mother had to sit by him / and couldn't sleep / almost all night. // Father and I / couldn't sleep well, / either. // When I woke up this morning, / I was very sleepy. // But I got up at six / because I had to go to school. // After school / I usually play tennis / with my friends, / but today I didn't. // ① <u>I left school / (   ) (   ) usual.</u> // I wanted to help mother. // As soon as / I got home, / I asked mother, / "Is Tom getting better?" //

She said, / "Yes, he is. // He'll get much better / in a few days." //

"That's good." / I said. // "You look tired and sleepy. // You'd better sleep / for some time. // I'll do your work, / Mother." //

Mother said, / "Thank you / for (A) home / without playing tennis. // But don't you have your homework?" //

I said, / "Yes, I do. // But I can do it / in a short time / before I go to bed." //

Mother smiled / and said to me, / "How kind you are, / Jane!" // When mother and I were working / in the kitchen / after dinner, / she said to me, / "You've helped me enough. // You've (B) / almost half of my work today." //

I said, / "I'm glad you said so. // I'll help you tomorrow, / too." //

▶해석 p.227

Step 4 어구 해설

1. do (하다)
활용 do - did - done - doing
do the work (일하다, 공부하다)

2. thank you for -ing (~해 주어서 감사한다)
Thank you for giv**ing** me a present. 선물을 주셔서 고맙습니다.

3. without -ing (~없이, ~않고)
She went home **without** play**ing** tennis.
그녀는 테니스를 치지 않고 집으로 돌아갔다.
He left Korea **without** say**ing** good-by.
그는 인사도 없이 한국을 떠났다.

Step 5 문법 해설

1. 비교 표현

① 비교급 : -er than … (…보다 더 ~한)
He is tall**er than** I am. 그는 나보다 키가 더 크다.
I got up earli**er than** usual. 나는 평소보다 더 일찍 일어났다.

② as ~ as … (…와 같은 정도로 ~한)
as와 as의 사이에는 형용사나 부사의 원급이 온다.
He is **as** tall **as** I am. 그는 키가 나와 같다.
Tom was **as** bad **as** yesterday. 톰은 어제만큼 상태가 나쁘다.

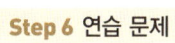 **Step 6 연습 문제**

1. (A), (B)에 들어갈 말을 아래에서 골라 적당한 형태로 바꾸세요.

   > 보기
   > give, come, make, do, go

   (A) _____   (B) _____

2. 밑줄 친 ①의 뜻이 "나는 평소보다 일찍 학교를 나왔다."가 되도록 단어를 보충하세요.

   I left school (   ) (   ) usual.

3. 다음 중에서 본문의 내용과 일치하는 것은?

   ① Jane's mother could sleep well last night because she was very tired.
   ② Today Jane didn't play tennis after school because she wanted to help her mother.
   ③ This afternoon Tom was as bad as yesterday, but he'll get well in a few days.
   ④ This morning Jane was so sleepy that she couldn't go to school.

4. (   ) 안에 알맞은 말을 써 넣으세요.

   ① He swims as (   ) as Devin.
   그는 데빈만큼 빨리 헤엄친다.
   ② Your house is (   ) than mine.
   너의 집은 나의 것보다 새 것이다.
   ③ I did my work (   ) than yesterday.
   나는 어제보다 더 열심히 공부했다.

▶ 정답 p.246

Unit 13 Suho's Family

 Step 1 단어 익히기

- **teach** 가르치다
- **busy** (할 일이 많아) 바쁜
- **listen** 귀 기울여 듣다
- **hospital** 병원
- **take care of** ~을 돌보다
- **sick** 아픈, 병든
- **college** 단과대학(종합대학은 university)
- **study** 공부하다
- **hard** 열심히
- **student** 학생
- **member** 구성원, 일원, 회원

 Step 2 리딩 포커스

1. 이 글은 누구를 소개하고 있는가?
2. 수호의 가족은 몇 명인가?
3. 수호 아버지의 직업은 무엇인가?
4. 수호의 형은 몇 명이고 각각 무엇을 하는가?

Step 3 독해 훈련

My name is Suho Kim. // I'm seventeen years old. // I live in Seoul. // My father is fifty-one years old. // He teaches Korean / at a high school. // My mother is three years younger than he. // She is busy at home, / but she listens to music / when she doesn't have any work to do. //

I have one sister. // She is twenty-three years old. // She works in a hospital. // She takes care of sick people. // She is very kind to them, / so she is liked by everyone. //

I have two brothers. // They are Jinho and Namho. // Jinho goes to college. // He is studying / very hard / to be a doctor. // Namho is a high school student. // He is one year older than I. // Namho and I are / members of our school baseball club. // We play baseball / after school / every day. //

▶해석 p.227

 **Step 4 어구 해설**

1. 비교급을 사용한 여러 가지 비교 표현
   He is one year **older than** I. 그는 나보다 한 살 많다.
   I am 5 centimeters **taller than** you. 나는 너보다 키가 5센티미터 더 크다.
   I studied two hours **longer than** you. 나는 너보다 2시간 더 공부했다.

2. **take care of** ~ (~을 돌보다)
   She **takes care of** sick people. 그녀는 환자들을 돌본다.

3. **be kind to** ~ (~에게 친절하다)
   She **is** very **kind to** sick people. 그녀는 환자들에게 매우 친절하다.
   Be kind to your neighbors. 이웃사람들에게 친절하세요.

 **Step 5 문법 해설**

1. 수동 표현 **be** + 과거분사 + (**by** ~)
   Everyone likes Suho's sister. 모두 수호의 누나를 좋아한다.
   → Suho's sister **is liked by** everyone. 수호의 누나는 모두에게 사랑받는다.
   Mr. Kim wrote this book. 김씨가 이 책을 썼다.
   → This book **was written by** Mr. Kim. 이 책은 김씨에 의해 쓰였다.

2. 비교 표현
   최상급 : the + -est(가장 ~한)
   Who is **the youngest** in this family? 이 가족 중에 누가 가장 어립니까?
   Tom runs **(the) fastest** of all. 톰이 모든 사람들 가운데 가장 빨리 달린다.

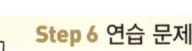 **Step 6 연습 문제**

1. 본문을 잘 읽고 다음 질문에 답하세요. (숫자는 사용하지 말 것)

    (1) Is Suho's father a teacher?
    (①   ), he is.

    (2) When does Suho's mother listen to music?
    She listens to it when she is (②   ) (③   )

    (3) Why does everyone like Suho's sister?
    Because she is (④   ) (⑤   ) to sick people.

    (4) Is Jinho a high school student?
    (⑥   ) he (⑦   ) .

    (5) Who is the youngest in this family?
    (⑧   ) is.

    (6) How many people are there in this family?
    There are (⑨   ).

2. 다음을 수동태로 바꾸세요.

    ① Jane cooks supper.
    Supper _____ _____ _____ _____.
    ② Jane grow the flowers.
    The flowers _____ _____ _____ _____.
    ③ Mr. Jackson built a big house.
    A big house _____ _____ _____ _____ _____.
    ④ Bill broke the window yesterday.
    The window _____ _____ _____ _____ yesterday.

3. 다음 단어들의 최상급을 쓰세요.

    ① old(늙은) _____   ② big(큰) _____   ③ good(좋은) _____
    ④ many(많은) _____   ⑤ much(많은) _____

    ▶ 정답 p.246

Unit 14 Dividing the Cows

Step 1 단어 익히기

- **farm** 농장, 농원
- **die** 죽다
- **already** 이미, 벌써
- **horse** 말
- **cow** 소
- **among** …중[사이]에
- **difficult** 어려운, 힘든
- **divide** 나누다, 가르다
- **wise** 지혜로운, 현명한, 슬기로운
- **village** 마을, 부락, 촌락

Step 2 리딩 포커스

1. 데빈 켄트에게는 아들이 몇 명 있는가?
2. 죽을 때 그는 아들들에게 말을 어떻게 나누어 주었는가?
3. 소는 어떻게 할 생각이었는가?
4. 소를 분배하기 위해 아들들은 누구에게 상담하러 갔는가?
5. 결국 손해를 본 사람은 누구인가?

 **Step 3 독해 훈련**

Long ago, / there was an old man whose name was Devin Kent. // Devin lived with his sons / on a big farm. // One day / he became very sick / and he knew / he was going to die, / so he called his sons / to his room. //

"Sons," / he said, / "I have already given one horse to Pete, / four to Dick / and eight to Dave. // Now, / I will give / one - half of my cows / to Pete, / one-third to Dick, / and one-ninth to Dave. // I want you / to divide the cows. // Do not cut / any of them." //

The next day / he died. // Now, / the sons had seventeen cows / among them. // How difficult / it was for them / to divide the cows! // They thought and thought together, / but they could not divide the cows. // So they went to a wise man / in the village / and said, / "We don't know / how to divide the cows. // Please help us." //

"Your father was very kind to me," / the wise man said. // "I have two cows. // I will give one of them / to you." //

The sons thanked the wise man / and took the cow home. // Now / they had eighteen cows, / so they could divide the cows. // Pete took (A), / Dick took (B), / and Dave took (C). // They divided the cows / and they still had one more cow. // They were able to give back / the wise man's cow. // In this way / no one lost anything. //

▶해석 p.228

Step 4 어구 해설

1. 옛날이야기의 시작

Long ago, there was an old man. 옛날에 한 노인이 있었다.

'옛날 옛날에'에 해당하는 표현들

Long, long ago   Many years ago
Long time ago   Once upon a time

2. 분수 읽는 법

1/2 one - half

1/3 one - third → 2/3 two - thirds

1/9 one - ninth → 5/9 five - ninths

분자는 기수로, 분모는 서수로 읽는데 분자가 복수면 분모도 복수가 된다.

Step 5 문법 해설

1. 관계대명사 whose

There was an old man. 어떤 노인이 있었다.

His name was Devin. 그의 이름은 데빈이었다.

위 두 문장을 한 문장으로 표현하면,

There was an old man **whose** name was Devin.

데빈이라는 이름의 노인이 있었다.

whose 이하의 부분이 an old man(선행사)을 수식하고 있다. whose는 그 사람을 직접 설명하는 것이 아니고 그 사람의 이름, 그 사람의 모습, 그 사람의 일 등을 설명할 때 사용한다. whose의 선행사로 사물이 올 수도 있다.

He loves his car **whose** color is red.

그는 색이 빨간 자기의 차를 좋아한다.

Step 6 연습 문제

1. 본문 중의 밑줄 친 문장을 한 번 끊어 읽으려면 어디가 적당한가?

   There was ① an old man ② whose name ③ was ④ Devin Kent.

2. 본문의 (A)~(C)에는 어떤 수를 넣어야 할까요? 영어로 쓰세요.

   (A) _____ (B) _____ (C) _____

3. 다음 문장을 관계대명사를 사용하여 하나의 문장으로 만드세요.

   ① This is my friend.
      Her mother is a famous pianist.
   _____

   ② The book is mine.
      Its cover is green.
   _____

▶정답 p.246

Unit 15 Riding a Bicycle

Step 1 단어 익히기

- □ **ride** 타다
- □ **cycling** 자전거타기
- □ **stove** 난로, 요리용 스토브
- □ **shine** (태양이) 비추다; 빛나다
- □ **warm** 따뜻한
- □ **camp** 캠프하다
- □ **blanket** 담요
- □ **race** 경주
- □ **won** 우승하다, 이기다
- □ **silver** 은

Step 2 리딩 포커스

1. 이 글은 3단락으로 나누어져 있다. 1단락은 무엇에 대해 말하고 있는가?
2. 2단락은 무엇에 대해 말하고 있는가?
3. 3단락은 무엇에 대해 말하고 있는가?
4. 시제에 주의하자.

Junho lives in Suwon city. // He likes riding on a bicycle / very much. // He is a member of Suwon Cycling Club. // He goes cycling / with his friends / every Saturday afternoon. // In summer / he takes his little tent / and his stove with him, / and camps in some beautiful place / in the country. // When the sun shines / and it is warm, / camping is very nice. // Junho and his friends cook their foods / on their little stoves, / make a fire / and then / sing around it / until late at night. // Then / they get under their blankets / in their little tents / and go to sleep. //

Sometimes / there are bicycle races, / and Junho goes to see them. // They are very interesting. // Sometimes / Junho's big brother, / Suho rides in these races. // Once / he won a race / and got a beautiful silver cup. // Junho was very happy. //

Junho wants to take his bicycle / to Jeju Island / next summer. // He will go / from Busan / to Jeju Island / by ship. //

▶해석 p.228

Step 4 어구 해설

1. with (몸에 지니고)의 용법

He takes his little tent **with** him. 그는 작은 텐트를 갖고 간다.
I had no umbrella **with** me. 나는 우산을 갖고 있지 않았다.
with ~의 부분은 따로 해석하지 않아도 된다.

2. 교통수단의 표현

ride ~ (~을 타고 가다)
I **ride** in a bus. 버스를 타고 간다.
I **ride** (on) a bicycle. 자전거를 타고 간다.

go … by ~ (~을 타고 …로 가다)
I **go** there **by** ship. 배를 타고 그곳에 간다.
I **go** there **by** bicycle. 자전거를 타고 그곳에 간다.

Step 5 문법 해설

1. 동명사 : -ing (~하는 것)

Camping is very nice. [주어] 캠핑하는 것은 무척 멋진 일이다.
My hobby is **collecting** dolls. [보어] 내 취미는 인형을 수집하는 것이다.
He likes **riding** on a bicycle. [목적어] 그는 자전거 타는 것을 좋아한다.

동명사란 동사가 명사 역할을 하는 것이다. 동명사는 문장 안에서 명사가 올 자리에 위치한다.

He likes English. 그는 영어를 좋아한다.
He likes **studying** English. 그는 영어 공부하는 것을 좋아한다.

또한, 동명사는 거의가 to+동사원형(부정사)으로 바꿔 쓸 수 있다.

He likes **to study** English. 그는 영어 공부하기를 좋아한다.

 **Step 6 연습 문제**

1. 본문의 내용과 일치하는 것을 2개 고르세요.

   ① Junho and his friends eat in the nearest restaurant.
   ② Junho wants to take his bicycle to Jeju Island because he likes cycling.
   ③ Junho and his friends live in Jeju Island.
   ④ Junho and his friends go to sleep late when they camp.
   ⑤ Junho and his friends camp in some beautiful place in Suwon city.
   ⑥ Suho is one of Jun-ho's friends.

2. 다음 질문에 대해 영어로 대답하세요.

   How will Junho go to Jeju Island from Busan?

   _____

3. 밑줄 친 When the sun shines의 의미와 같은 것은?

   ① When it is fine   ② When it is rainy
   ③ When it is cloudy   ④ When it is cool

4. 영어는 우리말로, 우리말은 영어로 옮기세요.

   ① Riding on a bicycle is very interesting.

   _____

   ② I like visiting my friends on Sundays.

   _____

   ③ 나의 취미(hobby)는 피아노 연주이다.

   _____

▶정답 p.246

Unit 16 The Comics

 Step 1 단어 익히기

- **comics** 만화
- **really** 정말로
- **surprise** 놀라게 하다
- **of course** 물론
- **interesting** 재미있는
- **spaceship** 우주선
- **be able to** ~할 수 있다
- **smile** 미소 짓다

 Step 2 리딩 포커스

1. 등장인물은 5명이다. 누구누구인가?
2. 켄트부인은 만화에 대해 어떻게 생각하고 있는가?
3. 데빈과 톰은 왜 만화를 좋아하는가?
4. 아빠는 만화를 읽으면 어떤 점이 좋다고 생각하는가?

 **Step 3 독해 훈련**

Yesterday / Mrs. Kent came to our house / and asked mother, / "Do you really give comics / to your boys? // I'm surprised. // I don't understand / why children like comics." // Mother laughed. //

"I don't understand," / she said. / "But I know / ① they do!" //

Tom and I like comics / very much. // ② The comics we read / are interesting. // The people and the animals in them / are nice. // Comics are like spaceships. // They take us / to the moon. // We think / Donald Duck and Mickey Mouse / are like people around us! // We like comics / because we never know / what will come next. //

Last night / father came in / when we were reading our comics. // He looked at them. // "Are they all the books / you like to read?" // he said. // "Oh, no!" / we said. // "Comics are all right, / if they are not too bad. // If you read good comics, / you will be able to enjoy reading books." // said father. //

When father went out of the room, / Tom said, / "Devin, / I don't understand. // May we read comics / or not?" //

I smiled at him. // "(   )" / I said. / "Yes, / if we read good comics. // But no, / if we read only comics." //

▶해석 p.228

 **Step 4 어구 해설**

1. 동사의 반복사용을 피하기 위한 do

Who plays the piano in your family?

당신의 가족 중에서 누가 피아노를 칩니까?

- I **do**. (= I play the piano.) 내가 칩니다.

I don't know why she got angry.

그녀가 왜 화를 냈는지 나는 모른다.

I don't know. But I know she **did**. (= I know she got angry.)

나는 몰라. 하지만 그녀가 화가 났던 것은 알아.

 **Step 5 문법 해설**

1. 문장 끊어 읽기

주어가 길 때에는 동사 앞에서 끊는다.

Beautiful ladies with many flowers / came.

꽃을 많이 갖고 있는 아름다운 여자들이 / 왔다.

The people and animals in them / are nice.

그것들 속에 있는 사람들과 동물들은 / 멋지다.

The cookies she made / were good.

그녀가 만든 과자는 / 맛있었다.

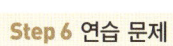 **Step 6 연습 문제**

1. 밑줄 친 ① they do를 다른 말로 바꾼다면 가장 적당한 것은?

   ① children like comics   ② mothers like comics
   ③ people laugh   ④ comics are good

2. 밑줄 친 ②를 한 번 끊어 읽는다면 어디가 적당한가?

   _____

3. 본문의 ( ) 안에 들어갈 가장 적당한 말은?

   ① Father does not like comics at all.
   ② The answer is both yes and no.
   ③ Father does not understand it.
   ④ We must not read comics.

4. 다음 문장을 한 번 끊어 읽는다면 어디가 적당한가?

   ① The boy watching television in my room is Devin Kent.
   ② The girl I met yesterday is her sister.

▶정답 p.247

Unit 17 An Old Woman's Picture

Step 1 단어 익히기

- **along** ~을 따라서
- **theater** 극장
- **on the way** 도중에
- **husband** 남편
- **concert** 음악회
- **alone** 홀로, 혼자
- **hand** 넘겨주다, 건네주다
- **clean** 닦다, 청소하다
- **seat** 좌석
- **address** 주소
- **give up** 포기하다
- **suddenly** 갑자기
- **bridge** 다리

Step 2 리딩 포커스

1. 데빈은 할머니를 어디까지 모시고 갔는가?
2. 가는 도중에 차 안에서 할머니는 어떤 이야기를 했는가?
3. 할머니는 무엇을 보여주었는가?
4. 그날 밤에 데빈이 발견한 분실물은 무엇이었는가?
5. 데빈은 그것을 어떻게 하기로 했는가?

 **Step 3** 독해 훈련

It was raining / that Sunday. // Devin, / a taxi driver, / had very little work. // In the afternoon, / an old woman came along the river. // She saw Devin / and said, / "Taxi! // Can you take me / to the Park Theater?" //

"Of course. // ① It's no day / for a walk!" / he said. //

On the way, / the old woman began to talk / about her husband. //

"My husband," / she said, / "loved music. // So / we often went to the concert / at the Park Theater / on Sundays. // But last September / he died. // I'm now alone." //

She handed him / a picture of her and her husband. // They were standing in the garden / of their house. //

When Devin was cleaning his taxi / that evening, / he found the picture / on the back seat. // ② "This must be an important thing / for her." // he thought. // "I must find her / and give it back." //

There was no name and address / on it. // He almost gave up ③ his idea. // But suddenly, / he found / that there was a bridge / in the picture. // He knew the bridge / very well. // Devin jumped into his car / and started off. //

▶해석 p.229

Step 4 어구 해설

1. no와 not의 차이

not은 문장 전체를 부정하지만, no는 바로 뒤에 오는 말만 부정한다.

It's **no** day for a walk!

= It's **not** a day for a walk! 오늘은 산책할 만한 날이 못된다.

2. find

활용 find - found - found - finding

① ~을 발견하다

He **found** a picture on the back seat. 그는 뒷좌석에서 사진을 발견했다.

② ~을 알다

He **found** that there was a bridge. 그는 다리가 있다는 것을 알았다.

Step 5 문법 해설

1. must (~임에 틀림없다)의 용법

This **must** be a famous book. 이것은 유명한 책임에 틀림없다.

The story **must** be true. 그 이야기는 사실임에 틀림없다.

The story **cannot** be true. 그 이야기는 사실일 리가 없다.

2. that (접속사) – 문장과 문장을 연결하는 말

문장과 문장을 연결하는 말을 접속사라고 한다. **that**는 '~라고' '~라는 것'의 의미이다.

He found **that** there was a bridge.

그는 알았다 + 다리가 있었다

= 그는 다리가 있다는 것을 알았다.

I think **that** his idea is very good.

나는 생각한다 + 그의 생각은 무척 좋다

= 나는 그의 생각은 무척 좋다고 생각한다.

Step 6 연습 문제

1. 데빈이 ① It's no day for a walk! 라고 말한 이유는 무엇인지 우리말로 설명하세요.

   _____

2. ②를 우리말로 옮기세요.

   _____

3. ③ his idea는 구체적으로 무엇을 가리키는지 우리말로 설명하세요.

   _____

4. 다음 ①~④의 (   )에 본문의 내용과 일치하도록 알맞은 단어를 넣으세요.

   ① Devin (   ) an old woman to the Park Theater.
   ② The old woman said, "I (   ) lived alone since last September."
   ③ The picture (   ) found on the seat of the car.
   ④ Devin found that the old woman lived near the (   ).

5. 다음 영문을 우리말로 옮기세요.

   ① My mother must be very angry now.

   _____

   ② There's no water in the glass.

   _____

   ③ I found that the taxi driver was a very good man.

   _____

   ④ He tells me that I mustn't go to the theater alone.

   _____

▶정답 p.247

Unit 18 Making a Doghouse

Step 1 단어 익히기

- **month** (일 년 열두 달 중 한) 달, 월
- **doghouse** 개집
- **try** 노력하다, 애를 쓰다, 시도하다
- **store** 가게
- **look at** ~을 (자세히) 살피다
- **carefully** 주의 깊게
- **board** 판자
- **as soon as** ~하자마자, 곧바로
- **begin** 시작하다
- **fun** 즐거움
- **by the way** 그런데

Step 2 리딩 포커스

1. 등장인물은 모두 몇 명인가? 또, 필자의 이름은 무엇인가?
2. 강아지는 어떻게 얻게 되었는가?
3. 개집은 어떻게 마련했는가?
4. 누가 주로 개를 돌볼 것인가?

Step 3 독해 훈련

My sister Jane likes dogs / very much. // She has wanted to have a dog / for a long time. // One day / father said to us, / "Mr. Kim will give us a little dog / next week. // I heard / that it is three months old. // Will you love it, / Jane?" //

Jane was very (A) / and said, / "Yes, / (B)." //

I said, / "We have to buy a new doghouse / for it now." //

But father said to me, / "No, / we don't (C) to buy one. // We can make one for it. // Let's try, / Tom!" //

Father likes to do things himself. // He always wants to make something. //

The next Sunday / father and I / went to a big store. // There were some doghouses / in the store. // We looked at them / very carefully. // After that, / we (① buy) some boards and paint / for our new doghouse. // As soon as / we came home, / we (② begin) to make a doghouse. // It was fun / for me to work with father. // A few hours later, / a nice doghouse was (③ make)! // Just then / Jane came home. //

She saw it / and said, / "Oh, thank you. // What a nice doghouse! // I hope / my new dog will like it. // By the way, / my new dog doesn't have a name yet. // What shall we call it?" //

▶해석 p.229

 **Step 4 어구 해설**

1 **have to** (~해야 한다)와 **don't have to** (~할 필요 없다)
과거: had to
미래: will have to
We **have to** buy a doghouse. 우리는 개집을 사야 한다.
We **don't have to** buy a doghouse. 우리는 개집을 살 필요 없다.

2 **buy** (사다)
활용 **buy** - bought - bought - buying

3 **finish –ing** (~하는 것을 끝내다)
They **finished** mak**ing** a doghouse. 그들은 개집 만드는 것을 끝냈다.

 **Step 5 문법 해설**

1 현재완료(계속)의 용법 : 쭉 ~해 오고 있다
현재완료는 have + 과거분사로 나타낸다.
She **has wanted** to have a dog for a long time.
그녀는 오랫동안 (계속) 개를 갖고 싶어 했다.

2 기간을 나타내는 **for**와 출발점을 나타내는 **since**
I have lived here **for** two years. 나는 2년 동안 여기에서 살고 있다.
I have lived here **since** 1986. 나는 1986년부터 여기에서 살고 있다.

since의 뒤에는 주어+동사가 오기도 한다.
I have lived here **since** I was little. 나는 어릴 때부터 여기에서 살고 있다.

Step 6 연습 문제

1. 본문의 (A), (B), (C)에 들어갈 가장 알맞은 말은?

   (A) ① busy   ② sorry   ③ sad   ④ glad
   (B) ① I do   ② I am   ③ I will   ④ I can
   (C) ① have   ② must   ③ been   ④ had

2. 본문의 ①, ②, ③의 동사를 앞뒤의 의미를 잘 생각하여 바른 형태로 바꾸세요.

   ① _____   ② _____   ③ _____

3. 본문의 내용과 일치하도록 알맞은 단어를 넣으세요.

   ① Jane's new dog was (   ) three months ago.
   ② Tom's father likes doing things himself better (   ) buying them.
   ③ Tom and his father looked at some (   ) very carefully in the store.
   ④ Tom and his father finished making a doghouse in a few (   ).
   ⑤ Tom has not given a name to her new (   ) yet.

4. 다음을 영작하세요.

   ① 그는 오랫동안 바다로 가고 싶어 했다.(지금도 그렇다.)

   _____

   ② 나는 2년 동안 그를 기다려 왔다.

   _____

   ③ 그들은 오늘 아침부터 열심히 일하고 있다.

   _____

   ④ 당신은 내 말에 귀를 기울여야만 한다.

   _____

   ⑤ 당신은 개집을 살 필요는 없다.

   _____

   ▶ 정답 p.247

Unit 19 The Beaver

 Step 1 단어 익히기

- **forest** 숲, 삼림
- **prevent** 막다
- **beaver** 비버
- **dam** 댐
- **pond** 연못
- **difficult** 어려운, 힘든
- **front teeth** 앞니
- **cut down** (밑 부분을 잘라) 쓰러[넘어]뜨리다
- **piece** 조각, 파편
- **easy** 쉬운, 수월한, 용이한
- **animal** (네 발) 짐승, (인간을 제외한) 동물

 Step 2 리딩 포커스

1. 캐나다에서는 비버가 어떤 도움을 주는가?
2. 비버는 댐을 어떤 식으로 만드는가?
3. 비버는 왜 연못에 집을 만드는가?

 **Step 3 독해 훈련**

  Fires often started / in forests / in Canada. // People tried to find / how to prevent forest fires / and got an idea. // They carried a lot of beavers / to such a forest. // The beavers found small rivers there / and soon / began to cut down trees / and make dams. // The dams (① stop) the river water / and made ponds. // In a few years / there were a lot of ponds / in the forest. // So it was difficult for a fire to start / in such a forest. //

  A beaver works very hard / in a forest. // To build a dam / and his house, / he uses only his little hands / and large and strong front teeth. // With these teeth, / he cuts down a tree / and breaks it / into small pieces. // He (② carry) these pieces to the river / with his mouth and hands. // He makes a dam / with these pieces / and other things. //
③ <u>Sometimes / the dam he makes / is about two hundred meters long.</u> // A beaver wants to have a house / that has water all around it. // So he builds his house / in the pond. // He comes in / and goes out / only under water. // Why does he want to live / in such a house? // Because it is not easy / for other animals / to come in / and catch him. //

▶해석 p.229

Step 4 어구 해설

1 규칙동사의 철자에 주의하자.

stop – stopped – stopped – stopping

2 **y**로 끝나는 동사에 주의하자.

carry(carries) – carried – carried – carrying

y의 앞의 철자가 모음일 때에는

play(plays) – played – played – playing

3 **break ~ into pieces** (~을 토막 내다)

He **broke** the cup **into pieces**. 그는 컵을 산산조각 내버렸다.

Step 5 문법 해설

1 관계대명사의 생략

관계대명사가 목적격(~을, ~에게)일 때는 생략할 수 있다.

I found a dam **which** a beaver built.

= I found a dam a beaver built.

나는 비버가 만든 댐을 발견했다.

위 문장을 두 문장으로 나누면

I found a dam. 나는 댐을 발견했다.

A beaver built a dam. 비버가 댐을 만들었다.

Step 6 연습 문제

1. 본문 속의 ① stop ② carry를 문장의 내용에 어울리도록 바른 형태로 바꾸어 쓰세요.

   ① _____   ② _____

2. 다음의 질문에 영어로 답하세요.

   What front teeth does a beaver have?
   _____

3. 밑줄 친 ③의 의미를 우리말로 쓰세요.

   _____

4. 다음 문장들을 관계대명사를 생략하여 다시 쓰고, 해석하세요.

   ① The man whom I met yesterday was very kind.
   _____
   _____

   ② The cup which I bought last Sunday is a present for my mother.
   _____
   _____

   ③ I know the girl whom you are going to visit.
   _____
   _____

▶정답 p.247

Unit 20 The Vikings

 Step 1 단어 익히기

- **the Vikings** 바이킹(8세기~10세기에 유럽지역에서 바다를 무대로 활약했던 노르만)
- **trip** 여행
- **Iceland** 아이슬란드
- **settle** 자리 잡다, 정주하다
- **librarian** (도서관의) 사서
- **decide** 결정하다
- **borrow** 빌다
- **brought** bring(가져오다)의 과거, 과거분사
- **sail** 항해하다
- **here and there** 여기저기에
- **shore** (바다, 호수 따위의) 기슭, 해안
- **Columbus** 콜럼버스

 Step 2 리딩 포커스

1. 올리버가 바이킹에 대해 조사하게 된 이유는 무엇인가?
2. 올리버는 어디에서 바이킹에 대해 조사했는가?
3. 조사 결과 어떤 것을 알았는가?

 Step 3 독해 훈련

 Level 1

Oliver is a high school student / in England. // One day / Miss Green, / his history teacher, / said to her class, / "I think / you have (A) / about the Vikings. // We are going to study their history / next week. // Read some books on them / at home, / please." //

Oliver was very interested in their history / when his father told him / about his trips / in Iceland. // Iceland is a country / settled by the Vikings. // On his way home from school / Oliver (B) to the City Library / to look for a book / about the Vikings. // The librarian was very kind / and took him / to the corner of History and Trips. // Oliver found two interesting books there. // They were *A History of the Vikings* / and *Iceland, / Past and Present*. // He could not decide / which one to read. // Then the librarian told him / to take them both out. // She said to him, / "You can borrow six books / at a time / and keep them / for two weeks." // He brought the two books home / with him. //

Oliver finished reading them / in three days. // He learned some interesting things / about the Vikings / from the books. // They had wonderful ships / which were the fastest / in those days. // They sailed here and there / along the shores of Europe. // Some of them / sailed toward the west / and discovered America / about five hundred years / before Columbus. //

▶해석 p.230

Step 4 어구 해설

1 look for ~ (~을 찾다)

Oliver **looked for** a book about Vikings.

올리버는 바이킹에 관한 책을 찾았다.

2 be able to ~ (~할 수 있다)

He **was able to** read the books at home.

= He **could** read the books at home.

그는 집에서 그 책들을 읽을 수 있었다.

You will **be able to** swim this summer.

그는 올 여름에 수영할 수 있게 될 것이다.

be able to ~를 사용하면 미래의 가능에 관해서도 표현할 수 있지만, can은 불가능하다. will can(×). 왜냐하면 둘 다 조동사이기 때문이다.

Step 5 문법 해설

1 현재완료(경험)의 용법 : ~해본 적이 있다

I **have read** the book once. 나는 그 책을 한 번 읽어본 적이 있다.

have been to ~(~에 가본 적이 있다)

He **has been to** America many times. 그는 미국에 여러 번 가본 적이 있다.

have been in ~(~에 살았던 적이 있다)

He **has been in** America. 그는 미국에 살았던 적이 있다.

 **Step 6 연습 문제**

1. 본문 중의 (A) (B)에 각각 들어갈 알맞은 것은?

   ① been　　　　② heard　　　　③ to go
   ④ reading　　　⑤ study　　　　⑥ went

   (A) _____　　　(B)_____

2. 본문의 내용과 일치하도록 다음 영문의 ( ) 안에 알맞은 단어를 넣으세요.

   Miss Green asked her students (①　　　　) read some books about the Vikings at home. Oliver looked for a book about them in the library. The librarian helped him. He borrowed two interesting (②　　　　). He was (③　　　　) to read them at home in three days and learned some interesting things about the Vikings. They had the fastest (④　　　　) in those days. Some of them discovered America (⑤　　　　) than Columbus.

3. ( ) 안에 적당한 단어를 넣으세요.

   ① I (　　　) (　　　　) a key under the stone.
   　 나는 돌 아래에 있는 열쇠를 찾아보았다.

   ② I (　　　) not (　　　) (　　　) find the key.
   　 나는 열쇠를 찾을 수가 없었다.

   ③ I (　　　) (　　　) to Korea twice.
   　 나는 한국에 두 번 가본 적이 있다.

   ④ (　　　　) you ever (　　　　) about him?
   　 지금까지 그에 관해 들어본 적이 있습니까?

▶ 정답 p.247

Unit 21 Albert Schweitzer

 Step 1 단어 익히기

- **shoot** 쏘다, (작은 돌을 던져서) 사냥하다
- **laugh at** 비웃다
- **catapult** 새총
- **cry out** 외치다
- **flew** fly(날다)의 과거
- **Lambarene** 람바레네(아프리카의 가봉 서부의 도시)
- **as soon as** ~하자마자
- **take care of** ~을 돌보다
- **forget** 잊다
- **the 1952 Nobel Peace Prize** 1952년도 노벨평화상

 Step 2 리딩 포커스

1. 소년 슈바이처는 친구와 새 사냥을 갔을 때 어떤 일을 하였는가?
2. 슈바이처는 새에 대해 어떤 생각을 가졌겠는가?
3. 1931년에 그는 왜 아프리카로 갔는가?
4. 이 글의 필자는 독자들에게 무엇을 말하고 있는가?

 **Step 3** 독해 훈련

One day / when Albert was a little boy, / his friend said to him, / "Let's go to the hill / to shoot birds." // Albert didn't want to go, / but he went with the boy. // He knew / his friend would laugh at him / if he did not go. // When his friend was going to shoot a bird / in a tree / with a catapult, / Albert suddenly cried out. // His friend said to him, / ① "(   )" // The bird was surprised / and flew away. //
② Why did Albert cry out? // Do you know? //

③ When he was thirty years old, / he began to study / to become a doctor. // He wanted to help people / in Africa / who were poor / and sick. // In 1913, / he went to Lambarene / in Africa. // As soon as / people there heard about him, / they began to come / to get help / from him. // He was very busy / every day. // ④ He had to take care of more and more people / who needed his help. // He did everything / he could do / for them. // They didn't have to pay / for the help. // They were very glad / and did not forget him. //

The 1952 Nobel Peace Prize / was given to Albert Schweitzer. // His life tells us / many important things. // Think about your life / when you are young. // There are still many things / you can do for people / who are not happy. //

▶해석 p.230

Step 4 어구 해설

1. at the age of ~ (~살에)

He became sick **at the age of** five.
= He became sick when he was five.
그는 다섯살에 아팠다.

2. life의 여러 가지 뜻

He saved the man's **life**. 그는 그 남자의 생명을 구했다.
Tell me about your everyday **life**. 당신의 매일의 생활에 대해 말하라.
His **life** tells us many things. 그의 일생은 많은 것을 말해 준다.

Step 5 문법 해설

1. 간접의문문의 어순

직접의문문을 간접의문문으로 바꾸면 어순이 바뀐다.

Why is he angry?
그는 왜 화가 났어요?
= Do you know why he is angry?
그가 왜 화가 났는지 알아요?

Why did you stop playing the violin?
바이올린 연주를 왜 그만뒀어요?
= Tell me why you stopped playing the violin.
왜 당신이 바이올린 연주를 그만 두었는지 말하세요.

 **Step 6 연습 문제**

1. 본문 ①의 ( ) 속에 들어갈 알맞은 말은?

   ① Be kind to the bird.　　② Be quiet.
   ③ Are you tired?　　　　 ④ What time is it?

2. 밑줄 친 ②를 한 문장으로 만드세요.

   Do you know _____.

3. 밑줄 친 ③을 아래와 같이 바꾸어 쓸 때, ( ) 속에 알맞은 말을 써 넣으세요.

   At the (　　　) of thirty, he began to study to become a doctor.

4. 밑줄 친 ④를 우리말로 옮기세요.

   _____

5. 다음을 우리말로 옮기세요.

   ① I don't know why she didn't cry out.

   _____

   ② He was poor all though his life.

   _____

   ③ It is important to take care of the animals.

   _____

6. ( ) 속의 말을 알맞게 나열하여 우리말의 뜻과 같아지도록 영문을 완성하세요.

   ① Tell me (again, late, you, why, came).　　왜 또 지각했는지 말해라.

   _____

   ② She died (eighty-six, age, the, at, of).　　그녀는 86세에 죽었다.

   _____

   ▶정답 p.248

Unit 22　Free Time

Step 1 단어 익히기

- **better** 더 좋은, 더 나은
- **enjoy** 즐기다
- **as long as** ~하는 한, ~하는 동안
- **machine** 기계
- **spend** (시간을) 보내다[들이다]
- **hobby** 취미
- **interested in** ~에 관심 있는
- **grown** grow(자라다)의 과거분사
- **watch** 보다, 지켜보다, 주시하다
- **often** 자주; 흔히, 보통
- **important** 중요한

Step 2 리딩 포커스

1. 이 글은 공부에 관한 내용인가, 취미에 관한 내용인가?
2. 우리가 자유로운 시간을 더 많이 갖게 된 것은 무엇 덕택인가?
3. 브라운 씨는 나와 무슨 관계인가?
4. 브라운 씨는 여가를 어디에 쓰고 있는가?
5. 필자의 결론은 무엇인가?

 **Step 3** 독해 훈련

Which do you like better, / studying or playing? // You should study very hard. // But you also need time to play. // What do you do / when you don't study? // I think / you can enjoy doing many things. //

We don't have to work / as long as / we did many years ago, / (①) machines can do a lot for us. // We can have more free time. // But there are some people / (②) don't know / how to use it. // If we spend free time well, / we can enjoy our lives more. // We can have hobbies. //

I have a friend / whose name is Mr. Brown. // He is interested in roses. // He has grown them / for thirty years. // Every day / he works hard in a store. // Sometimes / he is tired after work. // On such days / he goes out to his garden / to watch the roses / when he comes home. // He becomes very happy / (③) he talks to the roses. // Every year / his garden has a lot of roses. // The people / whom he meets often / say, / "What beautiful roses you have! // We want (④) know / how to grow such beautiful roses." //

How glad he is / when he hears these words! // I think / it is important (⑤) you / to have hobbies / when you are young. //

1. also와 too (~도 역시)
문장 속에 놓이는 위치에 주의하자.

Sugar is white. Salt is white, **too**.
Sugar is white. Salt is **also** white.
설탕은 하얗다. 소금도 하얗다.

2. be interested in ~ (~에 흥미를 갖다)
He **is interested in** roses. 그는 장미에 흥미를 갖고 있다.

1. 관계대명사 whom
The people often say so. 사람들은 자주 그렇게 말한다.
He meets them. 그는 그들을 만난다.

위 두 문장을 한 문장으로 표현하면,

The people **whom** he meets often say so.

그가 만나는 사람들은 자주 그렇게 말한다.

whom 이하의 주어+동사의 부분이 the people(선행사)을 수식하고 있다. 수식되는 명사는 **whom** 이하의 부분에서는 목적어(~을, ~에게)가 된다.

2. 관계대명사 which
선행사가 사람이 아닐 때는 who, whom 대신에 **which**를 쓴다.
We read the book **which** he gave us. 우리는 그가 준 책을 읽는다.

Step 6 연습 문제

1. 본문 ①, ②, ③의 ( ) 안에 들어갈 말을 아래에서 골라 넣으세요.

   > 보기
   > because, but, or, so, when, which, who, whose, whom

   ① _____ ② _____ ③ _____

2. 본문 ④, ⑤의 ( ) 안에 들어갈 적당한 말을 본문에서 찾아 넣으세요.

   ④ _____ ⑤ _____

3. 다음 ①~⑥의 ( ) 안에 들어갈 적당한 말을 본문에서 찾아 넣어 본문과 일치하도록 하세요.

   Studying is good, and (① _____) is good, too. We must think about our (② _____) time which machines give to us. We will be happy if we have (③ _____). Mr. Brown's hobby is growing (④ _____) He is glad when people say that his roses are very (⑤ _____). It is (⑥ _____) to have hobbies.

4. 다음 문장을 관계대명사를 사용하여 하나의 문장으로 만드세요.

   ① The boy is very handsome.
      Ann loves him.

   _____

   ② We live in the town.
      It is near the sea.

   _____

▶정답 p.248

Unit 23 Tigers or Rulers

 Step 1 단어 익히기

- **ruler** 통치자
- **philosopher** 철학자, 현인
- **Confucius** 공자
- **weep** 울다
- **grave** 무덤
- **bury** 파묻다
- **harsh** 가혹한
- **miserable** 비참한, 불쌍한

 Step 2 리딩 포커스

1. 공자가 만났던 여인은 왜 울고 있었는가?
2. 그녀는 호랑이에게 잡아먹힐지도 모르는데 왜 이사하지 않는가?

Step 3 독해 훈련

About 500 B.C., / there lived a famous philosopher / in China, / whose name was Confucius. // Whenever he met something or someone / out of the ordinary, / he got a lesson out of it. //

One day, / for example, / he stopped to talk to a woman / weeping over a grave by the road. //

"What is the matter?" / he asked her gently. //

"Some years ago," / she replied, / "my husband was killed here / by a tiger. // Now / I have just buried the torn body / of my son."

"Why do you stay / in these parts / if tigers make life so dangerous?" / asked Confucius. //

"Because, / sir," / she replied, / "the ruler here is less harsh / than most." //

Confucius's mind worked fast, / and he turned to the crowd / listening to them both / and said: / "Take notice of this! // Bad rulers are much more feared / for their harshness / than tigers!" //

Confucius was very eager / to give people good rulers, / because he knew well / how miserable / ordinary people were under bad, / selfish rulers. //

▶해석 p.231

 **Step 4 어구 해설**

1. **whose = and his**
   관계대명사의 앞에 쉼표가 있으면 '접속사 + 대명사'로 분해하여 앞에서부터 해석한다.

   There lived a famous philosopher, **whose** name was Confucius.
   = There lived a famous philosopher **and his** name was Confucius.
   유명한 철학자가 살았는데 그의 이름은 공자였다.

2. **make + ⋯ + 형용사** (⋯을 ~로 만들다)
   Tigers **made** life **dangerous**.
   호랑이들이 생명을 위험하게 만들었다.

 **Step 5 문법 해설**

1. **less ~ than** ⋯ (⋯보다 덜 ~하다)
   less ~ than ⋯의 반대는 more ~ than ⋯
   This is **less** important **than** that.
   이것은 저것보다 덜 중요하다.
   The ruler here is **less** harsh **than** most.
   여기의 통치자는 대부분의 통치자들보다 덜 가혹하다.

 **Step 6 연습 문제**

1. 본문의 내용과 일치하도록 알맞은 것을 고르세요.

   (1) When something out of the ordinary happened:

   ① Confucius thought about what he could learn from it.

   ② Confucius told the crowd all about it.

   ③ Confucius used it to make himself famous.

   ④ Confucius tried to change it at once.

   (2) Confucius stopped to talk to the woman, because:

   ① he felt sorry for her husband killed by a tiger.

   ② he thought the woman to be mad.

   ③ the woman was weeping over the grave.

   ④ the woman was afraid of her ruler.

   (3) The woman was weeping, because:

   ① she was so much afraid of tigers.

   ② she had had both her husband and son killed by tigers.

   ③ she was sad about the death of her husband.

   ④ she was much more afraid of her ruler than of tigers.

   (4) The woman stayed in that dangerous place, because:

   ① she had buried both her husband and son there.

   ② the tigers were much more dangerous in other places.

   ③ the ruler there was very kind to her.

   ④ the rulers were harsher in other places.

   (5) Confucius knew that good rulers were important, because:

   ① good rulers usually followed his advice.

   ② good rulers made their people safe from tigers.

   ③ bad rulers often kept a lot of tigers.

   ④ bad rulers were much worse than even tigers.

▶ 정답 p.248

Unit 24 An Old Picture

 Step 1 단어 익히기

- **invite** 초대하다
- **at last** 마침내, 드디어
- **look like ~** ~인 것 같다
- **student** 학생
- **enjoy** 즐기다
- **both of** ~의 양쪽 모두
- **runner** 경주자
- **tell about** ~에 대해 말해[알려] 주다
- **for the first time** 처음으로
- **happy to know that ~**
  ~ 라는 것을 알고 기뻐하다

 Step 2 리딩 포커스

1. 등장인물은 몇 명이고 서로 어떤 관계인가?
2. 그들은 무엇을 보면서 이야기하고 있는 것인가?
3. 사진 속의 한 소년이 John의 아빠라는 것을 마크는 어떻게 알았는가?

 **Step 3** 독해 훈련

Mark and John are good friends. // One day / Mark was invited to John's home. // When they were talking, / John's father came in / and showed an old picture to Mark. //

He said, / "Do you know these boys?" //

In the picture / two boys were running / in the park. //

"Oh, / this is my father," / said Mark. //

It was easy for him / to find his father / in the picture. //

John's father smiled / and said, / "Do you know the other boy?" //

"Well, / (　　　　), please," / said Mark. //

John was looking at them / without saying anything. //

"I think / it's you," / said Mark / at last, / "because this boy looks like John." //

John's father smiled again / and said, / "That's right. // When I was a student, / I often enjoyed running / with your father. // Both of us were very good runners. // This morning / I told my son / about it / for the first time." //

The two boys are now very happy / to know / that their fathers were good friends, / too. //

▶해석 p.231

Step 4 어구 해설

1. show – 목적어를 두 개 갖는 동사

show … to ~ : '~에게 …을 보여주다'와 같이 **show, give, tell** 등은 목적어를 두 개 갖는 동사이다. 어순을 바꾸어서 …를 앞으로 내면 '~에게'에 해당하는 말의 앞에 **to**가 필요하게 된다.

He **showed** a picture **to** Mark.
= He **showed** Mark a picture.
그는 마크에게 사진을 보여주었다.

2. be happy to ~ (~ 해서 기쁘다)

I **am** very **happy to** be with you. 당신과 함께 있어서 기쁩니다.
be glad to ~ 도 '~ 해서 기쁘다' 라는 뜻이다.

Step 5 문법 해설

1. It ~ for – to … 구문

It ~ (for –) to …는 '…하는 것은 (–에게) ~이다'라는 뜻. It는 to 이하를 가리키는 가주어이므로 해석할 필요 없다. for – 부분이 to … 부분의 의미상의 주어이다.

It is fun **for** him **to** play tennis.
테니스를 치는 것은 그에게 재미있다.

2. enjoy –ing (~하는 것을 즐기다)

enjoy, finish 등은 –ing형(동명사)을 목적어로 받는다.

I **enjoy** runn**ing** every Sunday.
나는 매주 일요일에 달리기하는 것을 즐긴다.

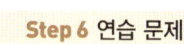 **Step 6 연습 문제**

1. 본문의 ( ) 안에 들어갈 가장 적당한 말은?

   ① wait a minute ② I'm sorry
   ③ go home   ④ I'm fine

2. 본문의 밑줄 친 부분을 한 군데 끊어서 읽으려면 어디가 적당한가?

   _____

3. 다음 중 윗글의 내용과 일치하는 것은?

   ① When Mark saw an old picture, one boy was smiling in it.
   ② Mark knew who the boys in the picture were, but John did not.
   ③ Mark saw an old picture and he could find his father in it.
   ④ John was reading a book when his father showed a picture to Mark.

4. 다음 각 문장을 It ~ to …를 이용하여 다시 쓰세요.

   ① Swimming is interesting.

   _____

   ② Playing the piano is fun for Inho.

   _____

   ③ Speaking English isn't easy for me.

   _____

   ④ Getting up early was hard for the boys.

   _____

▶ 정답 p.249

Final Test - 1

 Step 1 단어 익히기

- **lazy** 게으른
- **brought** bring(가져오다)의 과거, 과거분사
- **clothes** 옷, 의복
- **collect** 모으다, 수집하다
- **magic spell** 마술 주문
- **bottom** 맨 아래 (부분)
- **lift** 들어 올리다
- **jewel** 보석
- **brightly** 밝게, 빛나게
- **rub** 문지르다, 비비다
- **slave** 노예

 Step 2 리딩 포커스

실력 테스트에 도전해 보자.
1~24까지 독해를 차근차근 공부했다면 어렵지 않게 풀 수 있다.
해석을 보지 말고 주어진 시간 내에 도전해서 자신의 실력을 진단해 보자.
(시간 = 30분) (합격점 : 70점) (득점 :   점)

Step 3 독해 훈련

Many people know / the story of Aladdin and his wonderful lamp. // It is a very old story. // No one knows / who first told it. // This is / how it begins: //

Aladdin lived a long time ago / in China. // He and his mother lived / in a little house / because they were very poor. // Every day Aladdin played in the street / with other boys. // He was lazy / and did not work. // One day / when Aladdin was playing on the road, / a man came along, / "Who are you?" / he asked. //

"I am Aladdin," / answered the boy. //

"I am your uncle," / said the man. //

This was not true. // The man was not Aladdin's uncle. // He was a bad man. // Aladdin took the man home. //

"Look, Mother," / he said. / "Here is my uncle. // He has come from Africa." //

Aladdin's mother brought some food, / and they all had supper. //

"Aladdin," / said the man, / "I will buy you some beautiful clothes." //

Aladdin and his mother were very pleased. // The next day / Aladdin and the man went to the market. // The man bought Aladdin / some beautiful clothes / and Aladdin was very pleased. // They went for a long walk. // They walked along the stony road. // Aladdin was tired / and hot. // After some time / they came to the foot of a hill. //

"We will stop here," / said the man. / "You go and get some wood / and make a fire." //

Aladdin collected some wood / and he made a big fire. //

① Suddenly / a hole opened in the ground. //

② The man threw something on the fire, / and he made a magic spell. //

③ At the bottom of the hole / there was a big stone. //

④ Aladdin was very surprised / at the noise / and the smoke. //

⑤ The ground shook, / and there was a lot of noise and smoke. //

"There is a lamp under that stone," / said the man. / "Go down / and get it. // Here is my ring. // If you wear it, / you will be safe." //

Aladdin took the man's ring, / and went into the hole. // He lifted the stone, / and saw some steps. // Aladdin went down the steps. // He came to a beautiful garden. // There were a lot **(A)** (Jewels, with, of, covered, trees) / in the garden. // There were red, / blue, / green, / yellow, / and white jewels. // They were all very big / and they shone brightly / in the sun. // At the end of the garden / there was a wall. // There was a lamp on the wall, / Aladdin climbed a ladder / and took down the lamp. // He put the lamp / inside his shirt. // Then he picked a lot of jewels / off the trees / in the garden. // He put them in his pockets. // Then he put more jewels / inside his shirt / on top of the lamp. // Then he hurried back to the man. //

(B) The jewels were so heavy / that Aladdin could not climb the steps. // The man asked for the lamp. // It was under the jewels, / and Aladdin could not reach it. // The man was very angry / because he wanted the lamp. // He did not help Aladdin. // He made a magic spell, / and the stone came down / and shut Aladdin / in the hole. // Aladdin was alone / in the dark. // He was much afraid. // Aladdin cried for help, / but nobody heard. // He cried / and rubbed his hands together. // He rubbed the man's ring / on his finger. // Suddenly / a big spirit came out. //

"Who are you?" / cried Aladdin. //

"That ring is magic," / answered the spirit. // "I am the Slave of the Ring. // What do you want?" //

"I (C) (get, to, here, out, want, of)" / said Aladdin. //

"All right," / answered the spirit. //

Suddenly / the earth opened. // Aladdin was outside / in the sun again. // He was very happy / and ran home quickly / to his mother. //

▶해석 p.232

 **Step 4 어구 해설**

1. **ask for** ~ (~을 요구하다)
   The man **asked for** the lamp. 그 남자는 램프를 요구했다.

2. **cry for** ~ (~로 울며 소리치다)
   Aladdin **cried for** help. 알라딘은 울며 도움을 요청했다.

3. **leave**의 의미에 주의하자.
   He **left** the city in winter. 그는 겨울에 그 도시를 떠났다.
   He **left** Aladdin in the hole. 그는 알라딘을 굴속에 내버려 두었다.

 **Step 5 문법 해설**

1. **surprise** (놀라게 하다)의 경우
   Aladdin was **surprised** at the jewels. 알라딘은 보석에 놀랐다.
   The jewels **surprised** Aladdin. 보석은 알라딘을 놀라게 했다.

2. **cover** (덮다)의 경우
   The trees were **covered** with the jewels. 나무들은 보석으로 덮여 있었다.
   The jewels **covered** the trees. 보석이 나무들을 덮고 있었다.

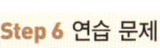

Step 6 연습 문제

1. 본문은 크게 3부분으로 나눌 수 있습니다. 각각의 물음에 답하세요. (30점)

   (1) 알라딘이 모르는 남자와 만나는 장면
   ① 알라딘은 누구와 살고 있었는가? _____
   ② 그 남자는 어떤 사람이었는가? _____

   (2) 그 남자의 명령으로 굴속의 램프를 가지러 가는 장면
   ① 어떻게 했더니 굴에 문이 생겼는가? _____
   ② 굴속에는 무엇이 있었는가? _____

   (3) 알라딘이 굴속에 갇히는 장면
   ① 알라딘은 왜 갇히게 되었는가? _____
   ② 굴속에서 무슨 일이 일어났는가? _____

2. 본문의 내용과 일치하면 ○표, 일치하지 않으면 ×표를 하세요. (30점)

   ① One day when Aladdin was playing with other boys, a bad man came along road. ( )
   ② The man was really Aladdin's uncle and brought them nice supper. ( )
   ③ The next day the man took Aladdin to his home and showed a very strange thing which surprised Aladdin. ( )
   ④ When the man sent Aladdin into the hole, he gave him his magic ring because he wanted the boy to come back safely with the lamp. ( )
   ⑤ Aladdin found trees full of beautiful fruit in the garden. ( )
   ⑥ Aladdin found the lamp on top of one of the trees in the garden. ( )

⑦ The man asked Aladdin for the jewels. (　　)
⑧ The man got angry and left Aladdin in the hole. (　　)
⑨ Aladdin was saved because he cried for help. (　　)
⑩ When he rubbed his ring, a spirit came out and opened the earth for Aladdin. (　　)

3. 본문 속의 ①~⑤를 의미가 통하도록 순서를 바로 잡으세요. (20점)

4. 밑줄 친 (A), (C)를 의미가 통하도록 바르게 나열하세요. (10점)

   (A) _____

   (C) _____

5. 밑줄 친 (B)를 우리말로 옮기세요. (10점)

▶정답 p.249

● 끊어 읽기 요령 ①

문장을 구성하는 요소들을 의미 단위로 끊어 읽으면 읽기의 속도와 이해가 빨라집니다. 다음은 끊어 읽기의 주요한 방법입니다. 문장을 분석할 때 주어와 동사를 먼저 찾습니다. 특히 문장이 길어 질 때는 동사를 먼저 찾는 것이 좋습니다.

1 주어가 길 때 주어 다음에서 끊어 읽습니다. 일반적으로 동사 앞까지가 주어입니다.

Beautiful ladies (with many flowers) / came.
　　주어　　　　　　　　　　　　　　동사
아름다운 여자들이　　(많은 꽃을 가진)　　왔다.

The people and animals (in them) / are nice.
　　　　주어　　　　　　　　　　　동사
사람과 동물들이　　(그것들 속에 있는)　　멋지다.

The cookies (she made) / were good.
　　주어　　　　　　　　　동사
쿠키는　　(그녀가 만든)　　맛있었다.

2 주어 앞에 부사, 부사구, 부사절이 있을 때에는 주어 앞에서 끊어 읽습니다.

(Yesterday) / I went to the concert.
　　　　　　주어 동사
어제　　　나는 갔었다.　　연주회에

(Many years ago) / a large fox lived (in the woods).
　　　　　　　　　　주어　　　동사
수년 전에　　　　큰 여우 한 마리가　살았다.　숲 속에

(As he often lies) / I don't like him
　　　　　　　　　주어　 동사
(그는 종종 거짓말을 하기 때문에)　나는 좋아하지 않는다.　그를

3 목적어나 보어가 길면 그 앞에서 끊어 읽습니다.

He told me / that he had finished the work.
주어 동사
그는 말했다. 나에게　　그가 마쳤다고　　　　일을

Can you tell me / where the post office is?
　　　주어 동사
말해줄 수 있니? 나에게　　우체국이 어디에 있는지

p.193에 계속

117

LEVEL 2

Unit 01 The Place Where the Key is

Step 1 단어 익히기

- **about** 약, 대략
- **office** 사무실
- **telephone** 전화 (걸다)
- **right now** 당장
- **sent** send(보내다)의 과거, 과거분사
- **key** 열쇠
- **record** 음반
- **felt** feel(느끼다)의 과거, 과거분사
- **strange** 이상한
- **living room** 거실
- **get in** ~에 들어오다
- **neighbor** 이웃

Step 2 리딩 포커스

1. 글쓴이는 어디에 있고 그의 친구는 어디에 있는가?
2. An hour later ~로 시간의 경과를 짐작할 수 있다.
   친구는 그 동안 무슨 일을 했는가?
3. 이 이야기는 일종의 콩트이다. 결론은 무엇인가?

 Step 3 독해 훈련

It was about five / in the afternoon. // I was still (① work) / at the office then. // An old friend (② call) Ezra / telephoned me / from the airport. // He is a teacher of French / of an American high school. // He said, / "I have just (③ arrive) in Korea. // Can I see you right now?" // "Well, / I am too busy / to meet you now," / I said. // "Will you come to my house / and wait for me? // I'll be back soon." // He said, / "I don't know / how to get to your house." // I said, / "I think / you have the map / I sent you two months ago. // Look at the map, / and you will be able to find my house easily. // I've left the door key / under the stone / on the left side of the door." // Then / I told him to go / into the kitchen / and find something to eat / or to drink. //

An hour later / Ezra telephoned me again / from the house. //

He said, / "I've finished eating dinner, / and now / I enjoy listening to some of your records. // I found an interesting book / on the table. // I'm going to read it." //

I felt a little strange. // I asked, / "Did you find my house easily?" // "Yes," / he answered. / "I couldn't find the key, / but luckily the living-room window / just by the apple tree / was open / and I got in." //

I was very surprised. // There was no apple tree / by my living-room, / but an apple tree was by my neighbor's. //

▶해석 p.233

Step 4 어구 해설

1 **how to** ~ (어떻게 ~하면 좋은지, ~하는 방법)

I don't know **how to** get to your house. 나는 너의 집으로 가는 방법을 모른다.

what to ~ (무엇을 ~하면 좋은지)

Tell me **what to** do for you. 무엇을 해 주면 좋을지 나에게 말해줘.

when to ~ (언제 ~하면 좋은지)

Tell me **when to** stop. 언제 멈춰야 할지 나에게 말해줘.

where to ~ (어디서 ~하면 좋은지)

I don't know **where to** put it. 그걸 어디에 두면 좋을지 모르겠다.

Step 5 문법 해설

1 현재완료 용법

I **have** just **arrived** in Korea. 나는 방금 한국에 도착했다.
I've finished eating dinner. 나는 저녁식사를 마쳤다.

2 완료 용법과 함께 쓰이는 부사

just(이제 막, 마침), already(이미), yet(아직, 이미)

He **hasn't arrived** yet. 그는 아직 도착하지 않았다.
Has he **arrived** yet? 이젠 도착했겠지?

Step 6 연습 문제

1. 본문 ①~③의 단어를 문장의 의미에 맞도록 알맞은 형태로 바꾸세요.

   ① _____ ② _____ ③ _____

2. 열쇠가 있는 장소는 어디인가? 우리 말로 설명하세요.

   _____

3. 본문 속의 밑줄 친 the house는 누구의 집인가?

   _____

4. 다음을 우리말로 옮기세요.

   ① We learn how to speak Chinese.

   _____

   ② She has just started to play the guitar.

   _____

   ③ Have you done your homework yet?

   _____

▶정답 p.249

Unit 02   A Holiday in Italy

Step 1 단어 익히기

- **cousin** 사촌
- **was surprised that** ~에 놀랐다
- **be able to** ~을 할 수 있다
  (조동사 can과 비슷한 뜻)
- **holiday** 휴가; 방학
- **manage** (일을) 처리하다
- **gave English lessons** 영어를 가르치다
- **baker** 제빵사, 빵집 주인
- **conversation** 대화; 회화
- **practice** 연습, 실습
- **bread** 빵
- **important for** ~에 있어서 중요한
- **in return** 답례로
- **pocket money** 용돈, 푼돈
- **pupil** 학생, 제자

Step 2 리딩 포커스

1. 누구와 누구의 대화인가?
2. 잭이 이탈리아에 오래 있었던 것에 관해 나는 어떻게 생각하였는가?
3. 잭은 이탈리아에 얼마나 머물렀는가?
4. 잭은 어떻게 그렇게 오랫동안 이탈리아에 머물 수 있었는가?

Step 3 독해 훈련

My cousin, / Jack, / is a university student. // Last summer / he went to Italy / and stayed there / for two months. // I was surprised / that he was able to have / such a long holiday / because he never has any money. //

"How did you manage it, / Jack?" // I asked. / "I thought / you were going to stay / for only two weeks." //

"It was easy," / Jack answered. // "I got a job." //

"A job!" / I cried. // "What did you do?" //

"I gave English lessons to / a baker," / he answered. // "His name is Alec. // We have become good friends." //

"But you aren't a teacher," / I said. //

"I told him / I couldn't teach," / Jack said. // "But he said / he would like to have conversation lessons. // He wanted to practice his English. // A lot of American people / come to him / to buy bread. // It is important for him / to talk to them / in English. // I spent two hours a day / talking with him. // In return / he gave me a room, / three meals a day, / and a little pocket money." //

"Did your pupil learn / much English?" / I asked. //

"I don't know," / he said, / "but I learned a lot of Italian." //

Step 4 어구 해설

1 be surprised (놀라다)
형태는 수동태이지만 수동으로 해석해서는 안 된다.
be interested in ~도 같은 경우이다.
I **am interested in** history. 나는 역사에 흥미가 있다.

2 because ~
Why ~?에 대한 대답이나 '~이므로'라는 의미로 쓴다.
Why were you absent from school yesterday?
왜 너는 어제 학교를 결석했니?
→ **Because** I was sick in bed.
왜냐하면 아파서 누워 있었기 때문이야.
I played the piano **because** I wanted to take a short rest.
나는 잠깐 쉬고 싶어서 피아노를 쳤다.

Step 5 문법 해설

1 ~ -ing (~하면서)
이 용법을 현재분사의 동시상황 또는 부대상황이라고 하는데 두 개의 동작이 동시에 일어날 때 사용한다.
I spent two hours talk**ing** with him. 그와 두 시간을 이야기를 하면서 보냈다.

2 관계대명사의 생략
목적격 관계대명사(whom, which, that)는 생략할 수 있다. 생략하고 나면 '선행사 + 주어 + 동사…'의 형태가 된다.
You must show your thanks for the nice thing (**which**) the giver has done. 당신은 기부자가 행한 훌륭한 일에 대해 감사를 표해야만 한다.
Do you know the lady (**whom**) John is talking with?
존이 이야기하고 있는 그 숙녀를 넌 알고 있니?

Step 6 연습 문제

1. 본문을 읽고 다음 물음에 가장 알맞은 답을 고르세요.

   (1) How long did you expect Jack to stay in Italy?
   ① For the summer.   ② For two months.
   ③ For two weeks.   ④ For a long holiday.

   (2) Jack always has a lot of money, doesn't he?
   ① Yes, he does.   ② Yes, he doesn't.
   ③ No, he has any.   ④ No, he doesn't.

   (3) How was Jack able to stay in Italy so long?
   ① He sold bread to Americans.   ② He taught English.
   ③ He learned Italian.   ④ He took his pocket money.

   (4) What did Jack and Alec do for two hours every day?
   ① They talked in English.   ② They talked in Italian.
   ③ They worked in a bakery.   ④ They studied at the university.

2. 다음을 영작하세요.

   ① 그들은 노래를 부르면서 나갔다.

   _____

   ② 그녀는 음악을 들으면서 숙제를 했다.

   _____

▶ 정답 p.250

Unit 03 The First Woman Doctor

 Step 1 단어 익히기

- **give up** (= quit) 포기하다
- **all over** 사방에
- **quit** 그만하다, 그만두다
- **job** 일, 직업
- **get a job** 직장을 얻다, 취직하다
- **hospital** 병원
- **women** woman의 복수형
- **other** (그 밖의) 다른; 다른 사람[것]
- **another** 또 하나(의); 더, 또; 다른 사람[것]
- **country** 국가, 나라
- **a few** 어느 정도; 조금(a little)

 Step 2 리딩 포커스

1. Elizabeth Blackwell은 무엇이 되려고 하였는가?
2. 그녀의 편지에 대한 학교들의 반응은 어떠하였는가?
3. 그녀는 왜 다른 나라로 갔는가?
4. 미국에 돌아와서 그녀는 무슨 일을 했는가?

Step 3 독해 훈련

① Elizabeth Blackwell was the first woman / in the United States / to become a doctor. // When Miss Blackwell said / that she wanted to be a doctor, / people thought / that a woman couldn't be a doctor. // But Miss Blackwell didn't give up. // She wrote to schools / all over the country, / but no school answered her letters. //

② The teachers thought / that Miss Blackwell would quit / before she became a doctor. // When she came to the school, / she showed / that she really wanted to work. // She was the best student / in her class, / and she really became a doctor. //

③ When Dr. Blackwell came back / to the United States, / she still couldn't get a job. // So Dr. Blackwell started her own hospital / for poor women and children / in New York. // She helped many people / at her hospital. // People are still using the hospital today. //

④ Dr. Blackwell tried to get a job / in a hospital, / but no one wanted a woman doctor. // Dr. Blackwell knew / that women could be doctors / in other countries, / so she went to another country to work. //

⑤ After a few years / a small school for doctors / wrote to Miss Blackwell. // The teachers at the school / wanted to see this lady / who wanted to be a doctor. //

▶해석 p.233

Step 4 어구 해설

1. want to be ~ (~가 되기를 원하다)

She **wanted to be** a doctor. 그녀는 의사가 되기를 원했다.

여기에서 be는 become(~가 되다)의 의미이다.

2. give up (포기하다)

She didn't **give up**. 그녀는 포기하지 않았다.

3. another와 other

She went to **another** country to work.

그녀는 일하러 다른 나라로 갔다.

Women can be doctor in **other** countries.

여성은 다른 나라에서는 의사가 될 수 있다.

'다른 ~'이라는 표현에는 other와 another가 있는데, 원칙적으로 another + 단수명사, other + 복수명사가 된다.

Step 5 문법 해설

1. 시제일치

주절의 동사가 과거이면 종속절의 동사는 과거 또는 과거완료(had + 과거분사)가 된다.

She **said**, "I **want** to be a doctor."

그녀는 "나는 의사가 되고 싶어요"라고 말했다.

She **said** (that) she **wanted** to be a doctor. (간접화법)

그녀는 자신이 의사가 되기를 원한다고 말했다.

The teachers **think** that she **will quit** before she becomes a doctor.
The teachers **thought** that she **would quit** before she became a doctor. (시제의 일치)

교사들은 그녀가 의사가 되기 전에 포기할 것이라고 생각했다.

 **Step 6** 연습 문제

1. 본문을 이야기가 바르게 이어지도록 ①~⑤의 순서를 나열하세요.

   _____

2. 본문의 내용에 맞도록 ( ) 안에 알맞은 단어를 넣으세요.

   ① Elizabeth Blackwell was the (   ) woman (   ) become a doctor in America.
   ② Though people thought she couldn't be a (   ), Miss Blackwell didn't (   ) her mind.
   ③ Dr. Blackwell took (   ) of a lot of (   ) women and children.

3. 다음을 과거형 문장으로 바꿔 쓰세요.

   ① I know that he is rich.

   _____

   ② I think that the story is interesting.

   _____

▶ 정답 p.250

Unit 04 The Bus for Greenfield

  Step 1 단어 익히기

- **inspector** 검표원
- **caught** catch(잡다)의 과거, 과거분사
- **passenger** 승객
- **Town Hall** 시청, 시회 의사당
- **as far as ~** ~까지
- **narrow** 폭이 좁은
- **wider** wide(넓은, 너른)의 비교급
  (wide – wider – widest)
- **explain** 설명하다
- **in good time for** ~하는 시간에 늦지 않게

  Step 2 리딩 포커스

1. 빈 곳에 혼동되지 말고 전체적인 흐름을 파악해 보자.
2. 2개월 전에는 어땠었는데 지금은 어떻다는 것인가?
3. 검표원은 스미스 씨에게 어떻게 하라고 가르쳐 주었는가?

"How often / does the bus for Greenfield / stop here?" / Mr. Smith asked a bus inspector. //

① (   )

"I caught it / from here / about two months ago," / said Mr. Smith. //

② (   )

"Why is that?" / asked the passenger. //

③ (   )

"Where can I get the Greenfield bus?" //

"Cross over, / and walk along / as far as the Town Hall. // The new bus stop is over there," / answered the inspector. //

④ (   )

"No, sir, / you will have to hurry. // The bus is going to leave / in three minutes." //

⑤ (   )

"Good day to you, / sir," / said the inspector. //

▶해석 p.234

Step 4 어구 해설

1 **How often** (얼마나 자주)

How often do you wash your hair?

얼마나 자주 머리를 감아요?

→ I wash it every other day.
= I wash it every two days.

하루씩 걸러서 감아요.

2 **as far as** ~ (~ 까지)

Bob took a walk **as far as** the church.

밥은 교회까지 산책을 했다.

Step 5 문법 해설

1 make의 특수 용법

make의 뒤에 (대)명사가 오고 그 뒤에 형용사가 오면 '…을 ~ (상태로) 만들다' 라는 의미가 된다.

They are going to **make** the road wider. 그들은 길을 넓히려고 한다.
The news **made** us happy. 그 소식은 우리들을 기쁘게 했다.

2 have[has] been + 과거분사

have been, has been의 뒤에 과거분사가 오면 현재완료 수동태가 된다.
'~ 된 적이 있다', '~ 되어버렸다(그래서 지금은 …)' 등의 의미가 된다.

The bus stop **has been moved** since ~ .

버스 정류장은 ~이후로 옮겨졌다.

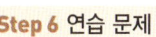 **Step 6 연습 문제**

1. 본문은 버스를 타려는 스미스 씨와 버스 검표원과의 대화입니다. ①~⑤의 ( ) 안에 들어갈 말을 다음 (A)~(E)에서 고르세요.

   (A) "Am I in good time for the next bus?"
   (B) "Thank you, inspector. Good day."
   (C) "The bus for Greenfield does not stop here, sir," the inspector said.
   (D) "Well, you see, sir, the road just here is very narrow. Too narrow for buses. They are going to make it wider very soon," explained the inspector.
   (E) "The bus stop has been moved since then—within the last two weeks, sir."

   ① _____   ② _____   ③ _____   ④ _____   ⑤ _____

2. 다음 문장을 우리말로 옮기세요.

   ① The game made us excited.

   _____

   ② The window has been broken since then.

   _____

▶ 정답 p.250

Unit 05 The Hummingbird

Step 1 단어 익히기

- **hummingbird** 벌새
- **bee** 벌
- **different** 다른, 차이가 나는
- **humming sound** 윙윙하는 소리
- **wing** 날개
- **so ~ that ...** 너무 ~ 해서 …하다
- **not at all** 결코 ~하지 않는
- **brave** 용감한
- **eagle** 독수리
- **fly away** (멀리) 날아가다
- **lay** 알을 낳다
- **hatch** 알을 부화하다

Step 2 리딩 포커스

벌새에 관한 내용이므로 이 새의 특징을 신속히 파악하자.

1. 크기
2. 큰 새에 대한 태도
3. 이름의 유래
4. 알과 새끼
5. 날개의 운동
6. 아름다움
7. 비행거리

What is the smallest bird / in the world? // Do you know the bird? // It is the hummingbird. //

Most hummingbirds are about three / or four inches long. // A new baby hummingbird / is only / as big as a large bee. // There are / more than 300 different kinds of hummingbirds. //

Many of these little birds / make a humming sound / with their wings. // Their name comes / from this sound. // **(A)** The wings of a hummingbird / move so fast / that you cannot see them clearly. //

Is it difficult / for this little bird / to get to far places? // Not at all. // There is one kind of hummingbird / which flies thousands of miles. // In the fall / it goes south / and in the spring / it goes north. //

You may think / that such a small bird / is very much afraid of larger birds. // But it isn't. // The hummingbird is very small / but very brave. // Sometimes even eagles fly away from it. //

The hummingbird lays two white eggs. // Baby birds hatch / in two weeks. // In about three weeks / they leave the nest. // The young birds fly away / without falling / from the nest. //

The hummingbird is / also / one of the most beautiful birds. // It is so beautiful / that **(B)** it is sometimes called / "the flying flower." //

 **Step 4 어구 해설**

1 **so ~ that …** (너무 ~해서 …이다)

so ~ that … can't –의 문장은 too ~ for – to …의 형태로 바꿔 쓸 수 있다.

The book is **so** difficult **that I can't** read it.

그 책은 너무 어려워서 읽을 수가 없다.

= The book is **too** difficult **for** me **to** read.

 **Step 5 문법 해설**

1 **전치사 뒤의 동사 형태**

전치사는 보통 명사, 대명사의 앞에 놓인다. 따라서 to + 동사원형의 형태인 to 부정사 이외의 동사는 ~ –ing형(동명사)으로 전치사 뒤에 온다.

I am interested in **playing** tennis.

나는 테니스를 치는 것에 흥미가 있다.

He went out without **saying** good-bye.

그는 안녕이라는 말도 없이 나갔다.

Step 6 연습 문제

1. 밑줄 친 (A)와 같은 내용이 되도록 다음 문장의 ( ) 안에 알맞은 단어를 넣으세요.

   The wings of a hummingbird move (　　　) fast for you (　　　) see clearly.

2. 밑줄 친 (B)와 같은 내용이 되도록 다음 문장의 ( ) 안에 알맞은 단어를 넣으세요.

   they sometimes (　　　) (　　　) "the flying flower"

3. 본문의 내용과 일치하는 것을 다음 중에서 2개 고르세요.

   ① These little birds are called hummingbird because many of them make a humming sound with their wings.
   ② It is not easy for hummingbird to fly to far places.
   ③ Hummingbird often fly away from bigger birds because they aren't so brave.
   ④ There are many kinds of hummingbird and they are very beautiful.
   ⑤ The hummingbird is sometimes called "the flying flower" because it can fly very fast from flower to flower.

4. ( ) 안의 단어를 바르게 나열하여 영문을 완성하세요.(형태가 변형되는 것도 있음)

   ① I am looking (see, forward, you, to)

   ② They are fond (on, watch, football, of, a, game, television).

Unit 06 Clean-up Campaign

학습일

Step 1 단어 익히기

- **Gates Avenue** 거리 이름
- **be kind to ~** ~에게 친절한
- **clean up** 청소하다
- **blue** 파란
- **ran** run(달리다)의 과거
- **surprised** 놀란
- **daughter** 딸
- **kitchen** 부엌
- **neighbor** 이웃사람

Step 2 리딩 포커스

1. 봄이 왔을 때 Gates Avenue는 어떤 상태였는가?
2. 그 거리에서 온 소녀는 어떤 모습이었는가?
3. 어떤 일이 계기가 되어 거리 사람들의 생각이 바뀌었는가?

 **Step 3 독해 훈련**

This is the story of Gates Avenue / in 1909. // When spring came, / Gates Avenue didn't become beautiful. // Most of the families there / didn't want to be clean. //

A little girl came to school / from Gates Avenue. // She was always / in the same dress. // It was not clean. // Her face was also not clean. // But she was a very nice girl. // She always worked hard / at school. // She was always kind / to others. //

One day / her teacher said to the little girl, / "Will you wash your face / before you come to school / tomorrow morning, / Mary?" //

The next morning / her face and hair were clean / and pretty. // But she was / in the same old dress. // The teacher thought / her family was very poor / and couldn't buy any dresses for her. // So / the teacher gave a new blue dress / to her. // She was very happy / and ran back to her home. // The next morning / she came to school / in her new blue dress. // She looked very clean / and pretty. //

She said to the teacher, / "Mother was very much surprised / last evening / because I looked so pretty / in my new dress. // Father wasn't at home. // He'll see me at dinner / this evening." // When her father saw her, / he was very much surprised, / too. // Because he found / that his daughter was very pretty. //

"It is good to be clean / and pretty," / said her mother. / "Let's clean up everything / around us." //

After dinner / her mother began to clean the kitchen. // The next day / her father began to make a garden / with his family. // The man / in the next house / watched them / and began to paint his house. //

A few days later / all the neighbors began to work / to make good homes. // A few months later / Gates Avenue became a fine street / with a lot of flowers / and beautiful houses. // When people in other cities / heard the story of Gates Avenue, / they began their own / "clean-up" campaigns. //

Step 4 어구 해설

1. most of ~ (~의 대부분)

most of는 뒤에 오는 말에 따라 단수, 복수취급이 결정된다.

Most of the books were not easy. 그 책들 대부분은 쉽지 않았다.
Most of the book was filled with pictures.
그 책의 대부분은 그림으로 가득 차 있었다.

2. be kind to ~ (~에게 친절한)

Please **be kind to** the old people. 노인들에게 친절하세요.

3. Will you ~? (~ 해 주시겠습니까?)

Shall I ~와 반대되는 표현으로 상대방에게 부탁할 때 쓰는 표현.

Will you please open the window? 창문 좀 열어 주시겠어요?
Shall I open the door? 제가 문 좀 열까요?

Step 5 문법 해설

1. 부정 표현

① be동사, 조동사가 있는 문장 및 현재완료형 문장

not를 동사의 뒤에 붙여서 부정형을 만든다.

The street was **not** clean. 그 거리는 깨끗하지 않았다.

② 일반동사가 있는 문장

do(does, did) + not + 동사원형의 형태로 부정형을 만든다.

When spring came, Gates Avenue **didn't** become beautiful.
봄이 왔을 때, 게이트 거리는 아름다워지지 않았다.

③ few, little이 있는 문장

The boy read **few** books. 그 소년은 거의 책을 읽지 않았다.
I drank **little** milk. 나는 우유를 거의 마시지 않았다.

Step 6 연습 문제

1. 본문에 Mary가 nice girl이라는 것을 구체적으로 말하고 있는 문장이 2개 있습니다. 찾아서 우리말로 쓰세요.

_____

_____

2. 다음은 본문의 줄거리입니다. (A)~(E)의 ( ) 안에 들어갈 알맞은 것을 ①~⑥에서 고르세요.

It was difficult for people on Gates Avenue to be clean. Mary was a nice girl but she (A). Her dress was also not clean. Her teacher told her to be clean and (B). When Mary's father and mother saw their pretty daughter, they (C). When their neighbors saw them, they also began to do so. Soon Gates Avenue (D). When people in other cities heard the story, they (E).

① changed into a beautiful street.
② ran back to her home.
③ gave her a new blue dress
④ was not clean
⑤ started a lot of campaigns to clean their places
⑥ began to clean their home

(A) _____ (B) _____ (C) _____ (D) _____ (E) _____

3. 본문의 주제로 가장 적당한 것은?

   ① Clean-up Campaigns Started from a Beautiful School
   ② Clean-up Campaigns Started from a Lot of Flowers
   ③ Clean-up Campaigns Started from the Teacher's Daughter
   ④ Clean-up Campaigns Started from a New Blue Dress

4. 본문의 내용에 대한 다음 물음에 영어로 답하세요.

   Why did Mary's mother begin to clean the kitchen after dinner?

5. 다음 밑줄 친 부분에 주의해서 우리말로 옮기세요.

   ① The man speaks little English.

   ② The bird flew away and never came back.

   ③ No one in the village saw him.

▶정답 p.251

Unit 07 Our New Babies

 Step 1 단어 익히기

- **puppy** 강아지
- **early** 이른, 조기의; 일찍
- **shout** 외치다, 소리[고함]치다
- **pet** 애완동물
- **born** 태어나다
- **a TV station** 텔레비전 방송국
- **over and over** 여러 번 되풀이하여[거듭거듭]
- **arrive** 도착하다
- **turn** 차례, 순번
- **leg** 다리

 Step 2 리딩 포커스

1. 이 이야기는 언제 있었던 일인가?
2. Tilly는 누구이며 그에게 무슨 일이 일어났는가?
3. TV 방송국은 어떤 기획을 하고 있었는가?
4. Frank와 Ken은 TV방송에서 어떤 제안을 하였는가?
5. Casey는 어떤 사람인가?

Step 3 독해 훈련

On the morning of New Year's day, / Mrs. Miller came into the children's room / and said, / "Get up, / Frank and Ken. // (A) Our dog, / Tilly, / has something to show you. // She had five puppies / early this morning!" //

"Five puppies!" / shouted the boys. // (B) Frank and Ken didn't know about it / until then. // They were very happy. // They ran to the doghouse. // Soon / they were looking at Tilly's new family. //

"Look, / Frank! // They are small red puppies," / called Ken. // "How many can we keep?" //

"(C) Mother and Father said we couldn't keep any puppies. // When they are six weeks old, / we must find homes / for all of them," / said Frank. //

"But all our friends / have pets / already," / said Ken. //

Then / Frank said, / "I've a good idea. // ABC TV is going to invite / to the TV station / some fathers / whose babies were born / on New Year's day. // I saw it / in the newspaper. // Nothing was said / about the kind of babies. // If we tell everyone / about our puppies / on TV, / we'll find homes / for them. // (D) I'll write to the TV station." //

(E) Two days later / Frank got a letter / asking him to come to the station / on Saturday afternoon / at two. // He read the letter / over and over again. //

When the two boys arrived / at the TV station, / **(F)** <u>eight New Year's Day fathers</u> / were already waiting / for the program to start. // A tall man came over / and said to Frank and Ken, / "I'm Mr. Casey / from ABC TV. // Please sit down here." //

Soon / the program started, / and each father talked about his new family. // **(G)** <u>Then</u> / it was the children's turn. //

"And now, / everyone," / said Mr. Casey. // "Two boys are here / to tell us / about five New Year's Day babies / at their house." //

(H) <u>All the eight fathers were very surprised.</u> //

"Yes, / five babies! // They have a dog / whose name is Tilly / and she had five puppies / on New Year's Day . // Can you tell us / more about the puppies, / boys?" / said Mr. Casey. //

"Yes, / there are five / in the doghouse. // They are red / with white legs. // There are three boys / and two girls. // We can't keep them, / so / if anyone has a home for them, / we'll be very glad," / said Frank. //

The fathers looked at each other. // Then one father called, / "I'll take a boy." // "A girl for me, / please," / said another. //

Soon / all the five puppies / were given homes / by the fathers. // Mr. Casey said, / "Well, / everyone, / all the puppies have new homes, / so / please don't write to the TV station / about them." //

The children were very happy. //

▶해석 p.235

 **Step 4** 어구 해설

Level 2

1 **something**을 수식하는 말

something, anything, nothing 등을 수식하는 말은 뒤에 붙는다.
I saw **something** white in the dark. 나는 어둠 속에서 흰 무언가를 보았다.

2 **all the –s**

all은 the 앞에 온다.
All the boy**s** were glad. 소년들은 모두 기뻤다.

 **Step 5** 문법 해설

1 뒤에서 명사를 수식하는 형태

명사를 뒤에서 수식하는 형태는 다음 3가지가 있다.

① 명사 + 전치사 + 명사

　the house on the hill 언덕 위의 집

② 명사 + 분사 + …

　the house standing on the hill 언덕 위에 서 있는 집

③ 명사 + 관계대명사 + …

　the house which stands on the hill 언덕 위에 서 있는 집

 **Step 6 연습 문제**

1. 밑줄 친 (A)에 new를 보충한다면 어디가 적당한가?

   _____

2. 밑줄 친 (B)를 다음과 같이 바꿔 쓴다면 ( ) 안에 들어갈 말은?

   Frank and Ken didn't know (　　　) until then.
   ① that it was New Year's Day
   ② that Tilly has five puppies
   ③ that Mrs. Miller was in their room
   ④ that Mrs. Miller wanted them to run to the doghouse

3. 밑줄 친 (C)를 한 군데 끊어 읽는다면 어느 곳이 적당한가?

   _____

4. 밑줄 친 (D)를 아래와 같이 바꿀 때 ( ) 안에 들어갈 알맞은 말은?

   I'll write a (　　　) to the TV station.

5. 밑줄 친 (E)를 아래의 형태로 바꿔 쓴다면 ( ) 안에 들어갈 말은?

   Two days later Frank got a letter which (　　　) him to come to the station on Saturday afternoon at two.

6. 밑줄 친 (F)를 아래와 같이 구체적으로 쓸 때 ( ) 안에 들어갈 알맞은 말은?

   eight fathers (　　　) had their babies on New Year's Day

 **Step 6 연습 문제**

7. 밑줄 친 (G)를 아래의 형태로 나타낼 때 ( ) 안에 들어갈 말은?

   Then it was the children's turn (   ).
   ① to talk about their new family
   ② to give the puppies to the fathers
   ③ to read the letter
   ④ to come to the TV station

8. 밑줄 친 (H)에 대한 다음 질문에 대답하려고 합니다. ( ) 안에 들어갈 적당한 말을 본문에서 찾아 넣으세요.

   질문: Why were all the eight fathers very surprised?
   대답: Because they heard that (   ) babies were born at the boy's house on New Year's Day.

9. 다음 중에서 본문의 내용과 일치하는 것은?

   ① Frank and his mother got up very early on New Year's Day and told Ken to go to the doghouse with them.
   ② Mr. and Mrs. Miller found homes for some baby dogs when they were six weeks old.
   ③ Frank and his friends wrote to the ABC TV station, but they didn't get any answer from it.
   ④ In the program Mr. Casey looked very happy, because all the five puppies were given homes by the fathers.

Unit 08 Cutting the Grass

Step 1 단어 익히기

- **play ball** 야구를 하다
- **glove** 글러브, 장갑
- **yard** 뜰
- **put on** 입다, 끼다
- **hold** 잡다, 꼭 쥐다
- **go across** 가로질러가다
- **broke** break(깨다)의 과거
- **pay** 지불하다
- **go by** 지나가다

Step 2 리딩 포커스

1. 로이와 잭은 야구를 하기 위해 어디에서 도구를 가져왔는가?
2. 이 도구들은 그들에게 딱 맞았는가?
3. 화이트 씨의 창문을 깬 것은 친 볼이었는가, 던진 볼이었는가?
4. 두 사람은 어떤 식으로 유리 값을 지불했는가?

 **Step 3 독해 훈련**

It was one summer afternoon. // Roy and his friend Jack / wanted to play ball. // But they had no bat / or ball. //

"My father often played ball," / said Roy. / "He has a bat / and a ball / in the house. // **(A)** <u>Let's look.</u>" //

They ran together / to Roy's house. //

"May we use father's bat and ball?" / Roy asked his mother. //

"All right," / she said. // "They are in the box / over there." //

They found a glove there, / too. // They took the bat, / ball and glove / into the yard. // Jack put on the big glove, / but **(B)** <u>his hand was too small for it.</u> // Sometimes / the glove fell off. // Roy was holding the big bat. // He could not hit the ball / with it well. // But / at last / he hit the ball. // The ball went across the yard. //

"I made a home run," / he said. //

Then / Jack took the bat / and Roy took the ball. //

"Just try to hit **(C)** <u>this one</u>," / said Roy. //

Jack tried to hit the ball, / but it went over **(D)** <u>his</u> head / and broke the window of Mr. White's house / next door. // Just then / Mr. White came out. //

"I'm sorry. // Our ball hit the window. // **(E)** <u>The glass is broken. // We will pay for the glass.</u>" / said Jack. //

"But / we don't have any money. // What shall we do?" / asked Roy. //

"Cut the grass / in my yard. // You may work for me / an hour a day. // I'll pay each of you / ten dollars / for five day's work. // Then / you can pay me," / said Mr. White. // "All right. // Let's start now." / said Jack. //

(F) It was so interesting / to cut the grass / that an hour went by very fast. // Soon / Roy's father was coming home. //

They said to him, / "We broke Mr. White's window / when we were playing ball / with your bat, / ball / and glove." //

"You shouldn't try to use a hard ball. // You need a softball. // And (G) you should have a smaller bat / and a smaller glove," / said Roy's father. //

"We don't have money / to buy those things," / said Roy. //

Roy's father said, / "Well, / finish cutting the grass / in Mr. White's yard. // Then you can work / in my yard / an hour every day. //
(H) After working for a week, you'll get your bat, ball and glove." //

"Fine," / said the boys. //

So early the next week, / Roy and Jack started to work / for Roy's father. //

(I) "This work is interesting," / said Jack. //

"Yes," / said Roy. // "And soon / we'll have our bat, / ball / and glove." //

▶해석 p.236

 **Step 4** 어구 해설

1. 대명사 **it**와 **one**의 차이

I lost my watch. I want to find **it** out. 나는 시계를 잃어버렸다. 그것을 찾고 싶다.
I lost my watch. I want to buy **one**. 나는 시계를 잃어버렸다. 시계를 사고 싶다.

it는 특정한 것(잃어버린 바로 그 시계)을 가리킨다. one은 그런 물건(시계라는 물건)이나 그런 사람을 가리킨다.

2. -ed의 발음

(1) 앞의 음이 [k] [f] [p] [s]인 경우는 [t] – worked
(2) 앞의 음이 [g] [v] [b] [z] [n] [l] [r] 또는 모음인 경우는 [d] – used
(3) 앞의 음이 [t] [d]인 경우는 [id] – wanted

 **Step 5** 문법 해설

1. 관계대명사 **that**

관계대명사 who, whom, which 대신에 that을 쓸 수 있다.

We read the book **that**(=which) he gave us.
우리는 그가 준 책을 읽었다.

The people **that**(=whom) he meets often say so.
그가 만나는 사람들은 종종 그렇게 말한다.

Nancy is a girl **that**(=who) lives in America.
낸시는 미국에 사는 소녀다.

2. 문장 끊어 읽기

주어 앞에 때, 장소, 이유 등을 나타내는 부사가 있을 때에는 주어 앞에서 끊어 읽는다.

Yesterday / I went to the concert. 나는 어제 연주회에 갔었다.
After studying / we went swimming. 방과 후에 우리는 수영하러 갔다.

Step 6 연습 문제

1. (A)를 아래와 같이 나타낼 때, ( ) 안에 적당한 말을 넣으세요.

Let's look (   ) them.

2. (B)의 내용을 아래와 같이 나타낼 때, ( ) 안에 적당한 말을 넣으세요.

the glove was much (   ) than his hand.

3. (C)가 나타내는 것은?

① box　　② bat　　③ ball　　④ glass　　⑤ glove

4. (D)는 누구를 가리키는가?

① Roy's mother　② Mr. White　③ Roy　④ Roy's father　⑤ Jack

5. (E)의 내용을 아래와 같이 나타낼 때, ( ) 안에 적당한 말을 넣으세요.

We will pay for the glass that we have (   ).

6. (F)를 다음과 같이 바꿔 쓸 때, ( ) 안에 들어갈 말은?

An hour went by very fast (   ) it was very interesting to cut the grass.
① though　　② do　　③ if　　④ because　　⑤ when

7. (G)에 이어질 문장을 다음과 같이 보충할 때, ( ) 안에 적당한 말을 써 넣으세요.

you should have a smaller bat and smaller glove (   ) mine.

8. (H)를 한 번 끊어 읽으려고 한다면 어디가 적당한가?

9. (I)를 아래와 같이 바꿀 때, ( ) 안에 알맞은 말을 써 넣으세요.

   I am (   ) in this work.

10. 다음 질문에 대한 대답으로 알맞은 말을 ( ) 안에 써 넣으세요.

    질문: Who made a home run, Roy or Jack?
    대답: (   ) did.

11. 다음을 우리말로 옮기세요.

    ① There are many flowers. I want to have one.

    ② May I come in or not?

    ③ New York is the city that I visited last year.

    ④ The boy that has a big glove is Roy.

▶정답 p.251

Unit 09 The Sheep are Waiting

Step 1 단어 익히기

- **sheep** 양(단수, 복수가 같다)
- **leave** 남기다
- **master** 주인
- **scold** 꾸짖다
- **stolen** steal(훔치다)의 과거분사
- **guide** 가이드, 안내자
- **lose one's way** 길을 잃다
- **believe** 믿다
- **break my word** 약속을 깨다
- **honest** 정직한
- **sent for ~** ~을 부르러 보냈다
  (send의 과거, 과거분사)

Step 2 리딩 포커스

1. 소년은 어디에서 무엇을 하고 있었는가?
2. 노인은 어디에서 나타나서 무엇을 묻고 무엇을 부탁하였는가?
3. 소년의 대답은 어떠하였는가? 그 이유는 무엇인가?

 **Step 3 독해 훈련**

One day / when a boy was watching his sheep / near a mountain, / an old man came down the mountain / and asked, / "How long does it take / to go to the town, / my boy?" //

"It takes an hour," / answered the boy. //

"My boy," / said the man, / "I have lost my way, / and I have not eaten anything / since this morning. / Will you leave your sheep here / and show me the way? // **(A)** I will give you a lot of money. // It will be good for you / to have much money." //

"I am sorry, / but I can't," / said the boy. / "If any of the sheep / runs away, / my master will scold me. // He may think / that I have stolen it." //

"Well, / then," / said the man, / "will you go / and get a guide for me? // **(B)** I will watch your sheep." //

But / the boy didn't say yes. //

"The sheep," / he said, / "don't know your voice, / and…" //

"And what?" / asked the man. / "Don't you believe me? // Do I look like a bad man?" //

"Well, / I don't think **(C)** so," / answered the boy. / "But you are telling me / to break my word / to my master." //

The man said, / "Now / I know you are an honest boy. // **(D)** I will not forget you. // I will try to find the way / without your help." //

The boy then / gave his lunch to the man. // When the man was eating, / some men came down the mountain. // They were the man's friends. // The boy found him / the richest man / in the town. //

The rich man loved the boy very much, / and after some days / he sent for the boy. // When the boy arrived at his house, / he said to the boy, // "I know / you are an honest boy. // I want you to live with me. // I will give you everything / you need." //

"You are very kind," / answered the boy, / "but I must go home. // It will not be easy / for my master / to find any other boy / who will watch the sheep. // The sheep are waiting for me." //

Level 2

Step 4 어구 해설

1 **How long ~?** (어느 정도)

시간이나 거리를 물을 때에 사용한다.

How long does it take to go there? 거기에 가는데 시간이 얼마 걸립니까?
How long is this bridge? 이 다리의 길이는 얼마입니까?

2 **take** (시간이 걸리다)

take가 시간을 나타내는 어구와 it를 동반하면 '~의 시간이 걸리다'라는 의미가 된다.

It **took** about two hours. 약 2시간 걸렸다.

3 **leave**(남기다)의 활용은 **leave – left – left**

① 떠나다 ② ~을 남기다 ③ …을 …인 채로 두다

Step 5 문법 해설

1 의문사로 시작되는 의문문

의문사로 시작되는 의문문에서는 무엇을 묻고 있는지를 확실히 아는 것이 중요하다. 특히 How ~의 형태는 이해하기 어려우니 주의하자.

How long ~? 길이, 시간
How old ~? 나이
How often ~? 횟수, 빈도
How far ~? 거리
How many + 복수 ~? 수
How much (+ 단수)? 양, 값
What ~? 무엇, 무슨
Which ~? 어느 (것)
Who ~? 누구

 **Step 6 연습 문제**

1. 밑줄 친 (A)와 같이 말한 이유는?

① 소년에게 길안내를 받아서 시내까지 가고 싶었기 때문에
② 소년이 혼자서 돌보고 있는 양들을 사고 싶었기 때문에
③ 소년이 혼자서 양을 돌보고 있는 것에 감동되었기 때문에
④ 소년이 친절히 길안내를 해주어서 기뻤기 때문에

2. 밑줄 친 (B)와 같이 노인이 말한 이유를 우리말로 쓰세요.

_____

3. 밑줄 친 (C)는 구체적으로 무엇을 가리키는가?

① 노인의 목소리가 양들에게 낯설다는 것
② 노인이 나쁜 사람처럼 보인다는 것
③ 노인이 소년에게 주인과의 약속을 깨뜨리려고 한다는 것
④ 노인이 양을 돌본다는 것은 무리라는 것

4. 밑줄 친 (D)와 같이 노인이 말한 이유는?

① 소년이 친절히 길안내를 해주었기 때문에
② 소년이 점심을 나누어 주었기 때문에
③ 소년이 무척 정직하고 주인과의 약속을 지키기 때문에
④ 소년이 노인을 믿었기 때문에

5. 소년이 노인과 함께 살려고 하지 않은 이유는?

① 주인이 곤란해지게 되고 양들도 소년을 기다리고 있으므로
② 금방 행복해지는 것이 불안하므로
③ 노인의 선물이 마음에 들지 않으므로
④ 자연 속에서 생활하고 싶으므로

6. 본문의 내용과 일치하는 것은?

① The honest boy was given much money and lived happily.
② The master thought that it was good for the boy to have a lot of money.
③ The old man came down the mountain to watch the sheep.
④ The old man loved the boy so much that he sent for the boy.

7. 다음 각 문장의 밑줄 친 부분을 묻는 의문문을 만들려고 할 때, ( ) 안을 채우세요.

① The flower came out <u>last Sunday</u>.
  → (　　　) did flower come out?
② <u>John and Helen like</u> tennis.
  → (　　　) (　　　) tennis?
③ He is <u>five feet</u> tall.
  → (　　　) (　　　) is he?
④ She is looking for <u>her dog</u>.
  → (　　　) (　　　) she looking (　　　)?
⑤ My uncle <u>lives in New York</u>.
  → (　　　) (　　　) your uncle (　　　)?

▶ 정답 p.252

Unit 10 The Greatest Match

 Step 1 단어 익히기

- **with care** 주의 깊게, 신중히
- **a five-pound note** 5파운드짜리 지폐
- **fell** fall(떨어지다)의 과거
- **floor** (방의) 바닥
- **even** (비교급을 강조하여) 더욱
- **matter** 중대하다
- **live alone** 혼자 살다
- **the next house** 옆집
- **at once** 즉시
- **shone** shine(빛나다)의 과거, 과거분사
- **lost** lose(지다[패하다])의 과거, 과거분사
- **pretty** 매력적인, 예쁜, 귀여운

 Step 2 리딩 포커스

1. five-pound note는 무엇인가?
2. 그것은 누가 누구에게 준 것인가?
3. 팍스 씨는 그것을 누구에게 주었는가?
4. 할머니는 five-pound note를 어떻게 하였는가?
5. 할머니는 왜 팍스 씨에게 감사하다고 말했는가?

Step 3 독해 훈련

Mr. Parks opened the letter with care. // A five-pound note / fell to the floor. // He looked down at it / and left it there. // Mr. Parks was a cold man. //

The letter was from his younger brother / in Scotland: //

"Dear Abe: // I can't come to London / this Friday. // Sorry. // I'm even sorrier / that I can't see the match / on Saturday / —the biggest football match of the year! // So / I won't be able to see you / on Friday night. // But thanks. // The five-pound note / was to get into the match. // Why don't you go? // I know / you don't go out much. // But I want to give you something / for your trouble. // Go to the match / —it will be great football. // Remember / that our team's shirts / are the blueand white ones! // And please have a good time. // Yours, / Percy." //

Five pounds was a lot of money. //

"I can't pay all that (A)," / Mr. Parks thought. / "There are more things in life / than 'a good time'. / Shall I keep the money / and get something for myself? // No, / that's not right. // Other people want money for things / that matter / —like food." //

The old woman / in the next house— / she lived alone, / and she had very little money. // He took the five-pound note to her. //

"Get something (B)," / he said. / "Anything." //

"But I can't take five pounds / from you," / she said. //

"Yes, you can," / he said. / "I know / it will be a help." //

Abe Parks slept well / that night. //

It was late on Saturday afternoon / when he saw her again. // He heard her outside, / and went to open the door. // She came in at once. // Her face was happy, / and her eyes shone. //

"Thank you!" / she said. / "I just had to thank you, / Mr. Parks. // It was the happiest day (C). // And all because (D)." //

"What…?" //

"The greatest match ever," / she said. / "And the other team lost!" //

In her new blue and white dress, / she was like a pretty bird— / a happy, / pretty bird. //

Step 4 어구 해설

1. **why don't you ~?** (~하는 게 어떻습니까?)

   상대방에게 권할 때 쓰는 표현이다. '왜 ~하지 않습니까?'라고 해석하지 않도록 주의하자.

   Why don't you go and see the game? 시합을 보러 가는 게 어때요?
   Why don't you give me a ride? 차를 태워 주지 않겠어요?
   → All right. Jump in. 좋아요. 타세요.

2. **one, ones**

   앞에서 나왔던 명사와 같은 종류의 것을 나타낸다. 단수일 때는 one, 복수일 때는 ones가 된다. 또, one 앞에 형용사가 붙기도 한다.
   I will give you a long **one**. 긴 것을 줄게.
   I will lend you red **ones**. 빨간 것들을 빌려줄게.

Step 5 문법 해설

1. 조동사

   (1) can : be able to ~ (~ 할 수 있다)

   You **can** speak French. 당신은 프랑스어를 말할 수 있군요.
   can에는 미래형이 없으므로 be able to를 사용한다.
   Jane will **be able to** drive soon. 제인은 곧 운전할 수 있을 것이다.

   (2) may, might

   ① ~ 해도 되다

   May I come in? 들어가도 됩니까?

   ② ~ 일지도 모른다

   It **may** rain this evening. 오늘 저녁에 비가 올지도 모른다.

   (3) must : have to (~ 해야만 한다)

   You **must** study harder. 너는 더 열심히 공부해야만 한다.

Step 6 연습 문제

1. 본문의 (A)~(D)에 들어갈 가장 적당한 말을 아래에서 고르세요.

① of you
② of my life
③ of her money
④ for yourself
⑤ for a football match

(A) _____ (B) _____ (C) _____ (D) _____

2. a five-pound note는 5파운드짜리 지폐를 말하는데, 지폐에 관한 다음 설명 중에서 본문의 내용과 일치하지 않는 것을 있는 대로 고르세요.

① 이 지폐는 스코틀랜드에 있는 Mr. Parks의 남동생에게서 온 편지에 동봉되어 온 것이다.
② Mr. Parks는 냉정한 사람이기 때문에 마당에 지폐가 떨어졌는데도 그대로 두고 방으로 들어왔다.
③ Mr. Parks는 자신을 위해 이 5파운드를 쓰려고 했던 마음을 고쳐먹었다.
④ Mr. Parks의 남동생은 자신이 축구 시합을 보러 갈 수 없게 되어서 형에게 대신 가라고 이 돈을 보냈다.
⑤ Mr. Parks는 옆집의 가난한 할머니에게 자기 대신에 축구 시합을 보러 가라고 이 5파운드를 주었다.
⑥ 옆집의 할머니는 이 돈을 받을 이유가 없다면서 거절하였지만, Mr. Parks는 그 돈을 주었고 그날 밤은 좋은 기분으로 잤다.
⑦ 할머니는 이 5파운드로 새 옷을 살 수 있었기 때문에 대단히 기뻐하며 고마워했다.

3. 결국 축구 시합을 보러 간 사람은 다음 중에서 누구인가?

   ① Abe　　　　② Percy　　　　③ 옆집 할머니
   ④ Abe와 Percy　　⑤ Abe와 할머니

4. 다음 문장을 각각 과거문과 미래문으로 고치세요.

   ① I can ran fast.

   과거문 : _____

   미래문 : _____

   ② You must write a report.

   과거문 : _____

   미래문 : _____

▶정답 p.252

Unit 11 Mt. Everest

Step 1 단어 익히기

- **thin** (공기 따위가) 희박한, 엷은
- **a lot of** 많은
- **climb** 오르다, 올라가다
- **Hillary** 힐러리(사람 이름)
- **Tenzing** 텐징(사람 이름)
- **make a camp** 캠프를 치다
- **slowly** 느리게, 천천히, 서서히
- **carefully** 주의 깊게
- **each other** 서로
- **be able to** ~을 할 수 있다

Step 2 리딩 포커스

1. 에베레스트는 어떤 산인가?
2. 사람들은 에베레스트에 대해 어떻게 생각하고 있었는가?
3. 에베레스트 정상으로 가는 길은 왜 힘이 드는가?
4. Hillary와 Tenzing은 어떤 사람인가?
5. 그들은 에베레스트에 올라가기 위해 어떤 노력을 하였는가?

Step 3 독해 훈련

Level 2

Have you ever seen / any pictures of Mt. Everest? //
Perhaps you have. //
It is 29,002 feet high. // In the nineteenth century / people found / that this mountain was the highest / in the world. // Like small boys of today / who would like to fly to the moon / and other stars, / people wanted to stand / on the highest mountain in the world. //

Between 1921 / and 1952, / a lot of people tried to get / to the top of Mt. Everest, / but the highest place / they could reach / was about 28,000 feet high. //

Why is the way to the top / so long and hard? //

On Mt. Everest, / the wind is so strong / that it is often difficult / for a man / to stand. // There is a lot of snow / and the air is very thin. // Sometimes / a man can't sleep at night / because it is very cold. //

Hillary was one of the people / who wanted to be the first man / to stand / on Mt. Everest. // He studied a lot of things about it, / and (could did he everything) to climb it. / He asked a man / to climb the mountain with him. // His name was Tenzing. // He knew that mountain very well. //

Hillary's team left / on March 10, / 1953. / Climbing Mt. Everest / was really hard. // In the thin air / most people became sick / and could not eat / or sleep. // But they did not give up. // They made nine camps /

on their way to the top. //

Hillary and Tenzing stayed at Camp 9 / for one night. // At six thirty / on the morning of May 29 / they left for the top. // The wind was not bad. // Slowly and carefully / they climbed up. // At eleven thirty / they stood on the highest place / in the world. //

They could see the beautiful tops / of many other mountains. // The sun was shinning / in the blue sky. //

A great thing can be done / if we work together / and help each other. // What will we be able to do / in the twenty-first century? //

Step 4 어구 해설

1 **so ~ that** … (너무 ~ 해서 …이다)

that 이하에는 문장이 오는데, that 이하에 can not이 들어가면 too ~ to … 형으로 바꿔 쓸 수 있다.

He was **so** tired **that** he **could not** walk any more.
= He was **too** tired **to** walk any more.

그는 너무 피곤해서 더 이상 걸을 수가 없었다.

2 **ask … to ~** (…에게 ~해달라고 하다)

She **asked** that man **to** speak more slowly.

그녀는 그 남자에게 더 천천히 말해 달라고 말했다.

이 문장을 직접화법으로 나타내면,

She **said to** that man, "Please speak more slowly."가 된다.

Step 5 문법 해설

1 **~ –ing** (~하는 것) : 동명사

동명사 –ing형은 '~하는 것'의 의미로 쓰이는데 이 경우 명사와 같은 역할을 하므로 동명사라 불리고, 문장에서 주어, 목적어, 보어의 역할을 한다.

① 주어인 경우

　Swimming is interesting. 수영하는 것은 재미있다.

② 동사의 목적어인 경우

　They enjoyed **playing** tennis. 그들은 테니스하는 것을 즐겼다.

③ 보어인 경우

　My hobby is **collecting** stamps. 나의 취미는 우표를 모으는 것이다.

④ 전치사의 목적어인 경우

　I am fond of **fishing**. 나는 낚시하는 것을 좋아한다.

①, ③의 ~ –ing형은 to + 동사원형으로 바꿔 쓸 수 있다.

Step 6 연습 문제

1. 본문의 밑줄 친 ( ) 안의 단어를 의미가 통하도록 바르게 나열하세요.

   _____

2. 본문의 밑줄 친 "Climbing"의 ~ –ing형 용법과 같은 것은?

   ① I'm going to visit him.
   ② Is watching television fun?
   ③ What are you reading?
   ④ A running dog was seen there.

3. 본문의 내용과 일치하는 것을 있는 대로 고르세요.

   ① People like small boys of today who want to fly to the moon and other stars.
   ② People wanted to be the first men to reach the top of Mt. Everest and some got there before 1952.
   ③ It is very easy for people to climb Mt. Everest when the wind is not so strong.
   ④ Hillary studied a lot of things about Mt. Everest and asked Tenzing to climb with him.
   ⑤ On the morning of May 29 in 1953, Hillary and Tenzing left Camp 9 and five hours later reached the top.
   ⑥ When Hillary and Tenzing began to climb, the weather was fine but the wind become bad on the way.
   ⑦ When Hillary and Tenzing stood on the top of Mt. Everest, the weather was fine.
   ⑧ In the twenty-first century, people will try to fly to the moon, and they will not climb mountains.

4. 다음 두 문장을 내용을 바꾸지 말고 각각 다른 표현으로 나타내세요. 단, ①은 두 문장을 쓰세요.

① To speak English isn't so difficult for you.

_____

_____

② He wrote a long story.(주어를 바꿔서)

_____

▶정답 p.252

Unit 12 Columbus and the Moon

 Step 1 단어 익히기

- **reflect** 반사하다
- **between** (위치적으로) ~의 사이에
- **shadow** 그림자
- **eclipse** 일식 또는 월식
- **a total eclipse of the moon** 개기 월식
- **a total eclipse of the sun** 개기 일식
- **hide** 숨기다 hide-hid-hidden
- **edge** 가장자리
- **completely** 완전히
- **partial** 부분적인
- **Columbus** 콜럼버스 (1451~1506, 아메리카 대륙을 발견한 이탈리아의 탐험가)
- **Hispaniola** 히스파니올라 (서인도제도에 있는 섬 이름)

 Step 2 리딩 포커스

1. 전반부는 과학적인 이야기이다. an eclipse of the moon은 어떤 현상인가?
2. 태양의 경우는?
3. 콜럼버스는 이것을 원주민과의 교제에 어떻게 이용하였는가?

Step 3 독해 훈련

The sun is a star. // It looks bigger than any other star, / because it is near us; / but the other stars are far away. // The sun shines / because it is very hot; / but the moon shines / because it reflects / the sun's light. // It is like a big mirror. // The earth is also like a mirror / and it reflects / the light of the sun. //

Sometimes / the earth moves / between the sun and the moon. // Then / the earth's shadow falls on the moon; / no light from the sun / can then reach the moon. // The moon gets dark / because it cannot reflect the sun's light. // We call this / **(A)** a total eclipse of the moon. //

Does the sun ever get dark / during the day? // **(B)** It does so / when the moon hides it. // Sometimes / the moon goes / in front of the sun. // We can watch its edge / when it slowly crosses the sun. // Everything gets darker / and darker; / then, / at last, / we cannot see any part of the sun. // The moon is hiding it completely. // That is a total eclipse of the sun. // Sometimes / only part of the sun is hidden; / that is not a total eclipse. // It is a partial eclipse of the sun. //

There is a story / about Christopher Columbus / and an eclipse of the moon. //

Columbus was once staying / on the island of Hispaniola. // The men of the island / brought him food / every day, / but one day / they did not bring any food. // Columbus needed food / and he called the men together. //

He said to the men, / "God is angry with you. // God is going to hide the moon / to show **(C)** this." //

Columbus then / pointed to the sky, / and the men looked up. // They saw the beginning of an eclipse, / and the moon got darker / and darker. // They were afraid, / and asked Columbus / to help them. // So he left them / and went to his room / in the ship. //

(D) He waited there alone / and then returned. // He was smiling now, / and he said to the men, / "Don't be sad, / God has forgiven you." //

Then / he pointed to the moon. // The eclipse was ending; // the earth's shadow was beginning to move away. // The light got brighter. // Then / all the men were glad / and they promised to bring some food. // They were so afraid of Columbus / that they never stopped bringing food. //

▶해석 p.238

1. 전치사 between (~의 사이에)

전에는 between이 '2개 사이'이고, among이 '3개 이상의 사이'의 의미가 강했지만, 현재는 반드시 그렇게 쓰이지는 않는다. 통상적인 용법은,

A boy is sitting **between** two girls. 한 소년이 두 소녀 사이에 앉아 있다.
There is a small village **among** the hills. 산 속에 작은 마을이 있다.

2. during과 in, for

during (~의 동안) : 명사 앞에 / in (~만에) / for (~의 동안에) : 수사 앞에

It rained **during** the night. 밤 사이에 비가 왔다.
This was the hottest summer **in** ten years. 이번 여름은 10년만의 무더위였다.
He has lived here **for** five years. 그는 여기서 5년 동안 살았다.

Step 5 문법 해설

1. 비교급 + 비교급 (점점 ~)

이런 형태의 문장에는 get, become, grow 등과 같이 변해 가는 느낌을 갖고 있는 동사들이 쓰인다.

The moon got **darker** and **darker**. 달은 점점 어두워졌다.
The lady became **more** and **more** beautiful. 그 숙녀는 점점 아름다워졌다.
The man got rich. 그 사람은 부자가 되었다.

2. do의 대동사 용법

일반동사를 다시 반복해 쓰지 않고 do를 대신 쓰는 용법이다. 명사를 반복해 쓰는 대신 대명사 he, my, it 등을 사용하는 것과 같은 용법이다. Do ~?의 질문에 do로 대답하는 것도 이 용법의 일종.

He speaks English better than I **do**. [do = speak English]

Step 6 연습 문제

1. 본문의 밑줄 친 (A)의 상태는 어떤 것인가?

   ① 달이 지구의 그림자에 완전히 가려 보이지 않는 현상
   ② 달이 지구의 그림자에 반쯤 가려진 현상
   ③ 지구가 달의 그림자에 완전히 가려 보이지 않는 현상
   ④ 지구가 달의 그림자에 반쯤 가려진 현상

2. 본문의 밑줄 친 (B)는 무엇이 어떻다는 것인가? 1~20자의 우리말로 설명하세요.

   _____

3. 본문의 밑줄 친 (C)는 구체적으로 무엇을 가리키는가?

   ① 하느님이 달을 감추는 것   ② 원주민들이 음식을 갖고 오지 않는 것
   ③ 콜럼버스가 곤란해 하는 것   ④ 하느님이 노하고 있는 것

4. 본문의 밑줄 친 (D)에서 콜럼버스는 무엇을 기다리고 있었는가?

   ① 원주민의 공포가 가라앉기를 기다렸다.
   ② 원주민이 음식을 갖고 오기를 기다렸다.
   ③ 달이 구름 속에 들어가서 주위가 어두워지기를 기다렸다.
   ④ 달이 다시 밝게 비추기를 기다렸다.

5. 본문의 내용과 일치하도록 (1)~(4)의 ( ) 안에 들어갈 알맞은 말을 고르세요.

   (1) The moon shines because it (   ) the light of the sun.
      ① is   ② throws back   ③ doesn't   ④ won't hide

   (2) When we cannot see any part of the sun, we call it the (   ) eclipse of the sun.
      ① partial   ② total   ③ dark   ④ shadow

(3) Columbus knew (   ) the eclipse of the moon.
① when was ② how to make ③ the date of ④ he was afraid of

(4) After the eclipse of the moon, the men were very glad and said they (   ) food.
① took   ② forgot   ③ would bring ④ couldn't give

6. 다음 각 문장의 밑줄 친 부분을 위치를 바꿔서 문장을 다시 쓰세요.

① I wrote him a long letter.

_____

② He showed me picture post card.

_____

③ She made her daughter a nice dress.

_____

④ I will find you a seat.

_____

7. 다음 각 문장을 밑줄 친 부분을 강조하는 영문으로 바꿔 쓰세요.

① He got stronger.

_____

② The light became brighter.

_____

③ They worked.

_____

▶정답 p.252

Unit 13 The Life Story of a Frog

학습일

 Step 1 단어 익히기

- **tadpole** 올챙이
- **hatch** (알을) 부화하다
- **appear** 나타나다
- **absorb** (큰 조직의 일부로) 흡수하다
- **penny** 페니(1센트짜리 동전)
- **hind** 뒤쪽의
- **less** little의 비교급
- **tongue** 혀
- **sticky** 끈적거리는
- **insect** 곤충
- **stick up** 튀어나와 있다
- **poison** 독
- **protect** 보호하다, 지키다
- **enemy** 적
- **purpose** 목적

 Step 2 리딩 포커스

1. frog의 의미가 이 글의 열쇠이다. 사전을 보지 말고 본문의 내용만으로 frog이 무엇인지 알아내보자.
2. 알에서 tadpole이 되고, 곧 다리가 나오더니 꼬리가 없어지고 frog이 된다. 그러면 frog은 무엇일까?
3. frog의 눈의 특징은 무엇인가?

The life story of a frog / is very interesting. // Frogs may **lay** thousands of eggs / at a single time. // The eggs are covered / with a kind of jelly. // A tadpole hatches from one egg. // The tadpole looks like a very small fish, / and it changes / as it grows. // Its body becomes larger, / and after a time / legs appear / and the **tail** is absorbed. // It may take two years / to turn into a frog, / but usually / tadpoles make the change / in a few months. //

There are many different kinds of frogs. // Some frogs grow / and become a foot long, / and others are smaller than a penny. // Some frogs live partly on land / and partly in water. // Some frogs always live on land, / and some always live in water. // Some frogs have tails, / but many do not. //

Frogs are unusual / in many ways. // They use their large hind legs / for jumping, / the American frog jumps less than three feet / at a time, / but a big bullfrog can jump six feet. // (A) The frog's **tongue** is sticky enough / to catch **insects**. // The frog's eyes are large, / and they stick up / on its head. // Many frogs have **poisons** / in their bodies / to protect them / from their enemies. //

Frogs serve many useful purposes. // They eat insects. // Frogs are also used as food. // Many people, / especially the French, / like to eat frogs. // Frogs are sold to schools, / and students study the frogs' bodies. //

▶해석 p.239

Step 4 어구 해설

1 **thousands of ~** (수천의 ~, 수만의 ~)

thousand의 윗자리는 million(백만)이다. thousand와 million 사이는 thousand로 나타내므로 '수십만'도 thousands of ~로 표현한다.

Thousands of people visited Suwon last month.
지난달에 수십만의 사람들이 수원을 방문했다.

hundreds of ~ (수백의 ~)

There are **hundreds of** cows on the farm.
농장에는 수백 마리의 소가 있다.

millions of ~ (수백만의 ~, 수천만의 ~)

We can see **millions of** stars in the clear sky at night.
우리들은 맑은 밤하늘에서 수백, 수천만 개의 별을 볼 수 있다.

Step 5 문법 해설

1 자동사와 타동사

동사에는 lay eggs(알을 낳다)의 lay와 같이 목적어(~를, ~에게)를 필요로 하는 동사와 lie(눕다)와 같이 목적어를 필요로 하지 않는 동사가 있다. play처럼 자동사, 타동사로 모두 쓰이는 것도 있다. 문장 내에서 어떤 동사로 쓰였는지 잘 판단해야 한다.

자동사 : 목적어를 필요로 하지 않음. walk (걷다), play (놀다)

He **walked** and walked. 그는 걷고 또 걸었다.
They **played** in the garden. 그들은 정원에서 놀았다.

타동사 : 목적어를 필요로 함. have (가지다), play (경기를 하다, 연주하다)

We **have** four lessons in the morning and three in the afternoon.
우리는 오전 4시간 그리고 오후 3시간 수업이 있다.
She often **plays** tennis with her little brothers.
그녀는 종종 남동생들과 테니스를 친다.

Step 6 연습 문제

1. 본문의 이탤릭체로 된 단어의 의미로 가장 알맞은 것은?

   (1) lay

   ① produce ② put down ③ give heat to

   (2) tail

   ① back part of the animal's body

   ② any of the parts of the animal's body used for walking, etc.

   ③ part of the animal's body used for hearing

   (3) tongue

   ① part of the face just above the mouth, used for taking in and sending out air.

   ② part of the body for seeing things

   ③ long, narrow part in the mouth used for taking food

   (4) insect

   ① water grass

   ② small six-legged animal with no backbone

   ③ cold-blooded animal with a back-bone living in water

   (5) poison

   ① something which is good for a sick person

   ② sharp, pointed part on the skin of some kinds of animals

   ③ something which may kill other animals if they take or touch it

Step 6 연습 문제

2. 본문의 밑줄 친 (A)와 의미가 같아지도록 ( ) 안에 알맞은 단어를 넣으세요.

   The frog's tongue is (   ) sticky (   ) it (   ) catch insects.

3. 본문의 tadpole은 무엇인가? 우리말로 쓰세요.

4. 다음 각 문장의 ( ) 안에서 알맞은 말을 고르고, 전 문장을 우리말로 옮기세요.

   ① Hens (lie, lay, lain) (many, less) eggs in winter than in summer.

   ② The boy (lie, lay, lain) on the grass and looked up at the sky.

   ③ The boy (lie, lay, laid) a bat on the ground.

▶정답 p.253

Final Test - 2

 Step 1 단어 익히기

- **Archimedes** 아르키메데스
- **Sicily** 시칠리아
- **Syracuse** 시라쿠사(Sicily섬의 항구도시)
- **gold smith** 금세공인
- **lump** 덩어리
- **dishonest** 부정직한
- **replace** 바꿔놓다
- **valuable** 귀중한, 가치 있는
- **reply** 대답하다
- **Your Majesty** 폐하
- **snap** 딱 잘라 말하다
- **in a flash** 순식간에
- **room** 장소, 용적
- **prove** 증명하다
- **sank** sink(가라앉히다)의 과거
- **beaker** 비커
- **punish** 벌하다
- **pitcher** 물주전자
- **remove** 치워버리다
- **alive** 살아있는

 Step 2 리딩 포커스

1. 예문이 시간에 비해 조금 길다고 생각될 수도 있겠지만 '아르키메데스의 일화'를 알고 있다면 재미있게 술술 읽을 수 있을 것이다.
2. 절대로 해석을 먼저 보지 말고 주어진 시간 내에 자신의 실력을 진단해 보자. (시간 = 30분) (합격점 : 70점) (득점 :   점)

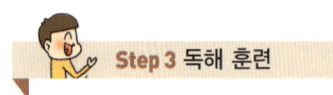
Step 3 독해 훈련

Archimedes, the Greek scientist, / lived over 2,000 years ago. // He was the cleverest man / in Sicily / at the time. // He lived on that island / in the small city of Syracuse. //

One day / the King of Syracuse said, / "I want a golden crown. // It must be made / of the purest gold." //

The King sent for a goldsmith, / and handed him / a lump of pure gold. //

"Take ① it away / and make me a crown / of the purest gold," / said the King. //

The goldsmith, / a dishonest man, / did not use all the gold. // He stole a part of it / and replaced it / with the same weight of silver, / because gold was much more valuable / than silver. //

When the new crown was ready, / he took it to the King / in his palace. // The King held it up / in his hands / and said, / "I don't believe / this crown is pure gold." //

The goldsmith replied, / "But, / Your Majesty, / it is the same weight / as the lump of gold; / so ② it must be pure gold." //

The King snapped back, / "Bring me the scientist Archimedes. // Only he will know for sure." //

The goldsmith thought to himself, / "Nobody can tell / it isn't made of gold ; / nobody is so clever." //

188

But Archimedes was very clever indeed. He took the crown away to examine it. At first he could not be sure whether it was made of pure gold or not. It certainly looked golden.

He was in the public baths one day. As he stepped into his bath, he noticed the level of the water rise. In a flash he saw how to check whether the crown was made of pure gold. He was so excited, he jumped out of his bath and, (가) with nothing on, ran through the street shouting, "Eureka! Eureka!" (I've found it! I've found it!)

When Archimedes reached his house, he thought the matter out more carefully.

"The crown weighs the right amount. But suppose it's made of gold and silver. Silver is lighter than gold; so ③ it takes up more room. A crown of gold and silver can therefore weigh the same as one made of pure gold… but ④ it will take up more room."

As soon as he saw (나) this great fact, he set to work to prove he was right. He got a lump of gold that weighted the same as the crown. He sank it in a pitcher full of water. Of course some of the water overflowed. Archimedes caught ⑤ it in a beaker.

Then he removed the lump of gold and refilled the pitcher again. Next, he sank the King's crown in the water. Again some water over-flowed, and again Archimedes collected it in a beaker. There was more water / in the second beaker; / so he knew / that the crown took up more room / than the lump of pure gold. //

"The crown is not pure gold," / he said to the king. / "It takes up more room / than ⑥ it should, / so I know / that it has silver mixed / with the gold." //

When the King heard this, / he punished the dishonest goldsmith, / and told everyone / that Archimedes was the cleverest man alive. //

Step 6 연습 문제

1. 본문의 밑줄 친 ①~⑥의 it은 각각 무엇을 가리키는지 본문에서 찾아 영어로 쓰세요.
   (30점)

   ① _____
   ② _____
   ③ _____
   ④ _____
   ⑤ _____
   ⑥ _____

2. 본문의 밑줄 친 (가)는 어떤 모습을 말하는 것인지 우리말로 설명하세요. (10점)

   _____
   _____

3. 본문의 밑줄 친 (나)는 무엇을 가리키는 것인지 우리말로 설명하세요. (10점)

   _____
   _____

Step 6 연습 문제

4. 본문의 내용과 일치하도록 다음 물음에 영어로 대답하세요. (50점)

① Where did Archimedes live?

② What sort of crown did the King want?

③ What did the goldsmith make the crown of?

④ Why did he put silver in the crown?

⑤ Why did the King send for Archimedes?

⑥ Where was Archimedes when he solved the problem?

⑦ In the excitement of solving the problem, he did something unusual. What was it?

⑧ Which took up more room, the crown or the lump of gold?

⑨ Which made more water over-flow from the pitcher, the crown or the lump of gold?

⑩ What did the King do when he heard that his crown contained silver?

▶정답 p.253

● 끊어 읽기 요령 ②

4   진주어 또는 진목적어 앞에서 끊어 읽는다.

   It was fun / for me to work (with father).
   가주어   진주어
   그것은 매우 재밌다. 내가 일 하는 것은   아빠와 함께

   I think it necessary / to speak English (fluently).
          가목적어   진목적어
   나는 생각한다. 그것을 필요로 한다고 영어를 말하는 것   유창하게

5   접속사 앞에서 끊어 읽습니다.

   Max wanted a dog, / but he could not have one.
   맥스는   원했다.   개를   그러나 그는 가질 수 없었다. 그것을

   The boy was very happy / and soon began to paint a picture.
     소년은   매우 행복했다.   그리고   곧   시작했다.   그림 그리기를

   Roy began to draw pictures / when he was three years old.
   로이는 시작했다. 그림 그리기를   그가 세 살 때

6   관계사 앞에서 끊어 읽습니다.

   Aunt Beth was carrying a big bag / which had (a lot of) presents (for Lily).
   베스 이모는   옮기고 있었다.   큰 가방을   많은 선물을 담은   릴리를 위한

   They had wonderful ships / which were the fastest (in those days).
   그들은 가지고 있었다. 굉장한 배를   가장 빠른   그 당시에

   We could see a high mountain / which was white (with snow).
   우리는 볼 수 있었다.   높은 산을   하얀   눈으로 덮힌

7   삽입구나 삽입절의 앞과 뒤에서 끊어 읽는다.

   I can, / (if you like), / give you a ride.
   나는 할 수 있다. (네가 원한다면)   너를 태워줄

   He is, / (I'm sure), / a really capable teacher.
   그는 이다. (나는 확신해)   정말 유능한 교사

193

LEVEL 3

Unit 01 The Three Brothers

 Step 1 단어 익히기

- **farmer** 농부
- **from morning till night** 아침부터 밤까지
- **field** 밭
- **being rich** 부자가 되는 것
- **I'm afraid ~** ~가 아닐까 하고 생각하다
- **decide** 결정하다
- **glass maker** 유리 제조인
- **shipbuilder** 배 만드는 사람, 조선업자
- **thief** 도둑
- **A few days later** 며칠 후
- **monster** 괴물
- **telescope** 망원경
- **after all** 결국

 Step 2 리딩 포커스

1. 삼형제의 이름은 각각 무엇인가?
2. 삼형제는 공주를 구하기 위해 각각 무슨 일을 했는가?
3. 그들은 결국 어떤 보상을 받았는가?

Long ago / there lived a poor farmer / who had three sons. // The farmer worked hard / from morning till night / every day, / but he didn't become rich / because his own land was very small. // So his three sons didn't want to be farmers. //

One day, / after the farmer died, / his wife asked her three sons / to help her / in the fields. // But they said no. // So she had to work alone / in the fields / while they walked around the village / and dreamed of being rich. //

One night, / after supper, / the mother said to her sons, / "Because you won't help me / in the fields / or work at all, / I want you to go out into the world / to make your own money. // After seven years / you may come back here. // But I'm afraid / you can't succeed / without working on the land." //

The three sons were sad, / but they decided / to follow (A) their mother's advice. // So they went out into the wide, / strange world.

After seven years passed, / the sons returned home. // During that time / the mother had to work alone / in the fields, / so she cried with joy / when she saw them again. // Tom, / the eldest son, / was now a fine glass maker. // Ben, / the second one, / was a good shipbuilder. // However, / Jack, / the youngest one, / met some bad men / and became a thief. //

A few days later, / a man from the king / came to their village / and said, / "The beautiful princess was taken away / by a monster. // Anyone who can bring her back safely / to the palace / can marry her." //

The three brothers thought / that this was their best chance / to become rich. // Tom made a telescope, / and with it / he discovered / that the princess was kept / in a high tower / on an island far away. // Ben quickly built a ship. // Then the three brothers sailed for the island. // They reached the island / at last. // But they soon found / that the tower was carefully watched / by monsters of all kinds. // Tom and Ben thought / that **(B)** it was not possible / to enter that tower. // But Jack knew many ways / of breaking / into a building. // So he was able to get / into the tower / and save the princess, / because none of the monsters / knew about this. //

The king was very pleased / when they returned safely. // But **(C)** trouble came soon. // The king didn't know / which brother should marry the princess, / because the three brothers saved her together. // He thought and thought. // Then he said, / "I will not give my daughter / to any of you. // I'm going to give you / half of my land instead." //

When they got their new land, / they decided to become farmers / like their mother / after all. // They lived on **(D)** it / with their mother happily / ever after. //

▶ 해석 p.240

Step 4 어구 해설

1. **from morning till night** (아침부터 밤까지)
   두 개의 명사가 접속사나 전치사로 연결되어 대구가 될 때는 관사를 붙이지 않는다.

   He traveled **from** place **to** place. 그는 여기저기를 여행했다.
   The family lived **from** hand **to** mouth. 그 가족은 그날 벌어 그날 먹으며 살았다.

2. **I'm afraid ~** (~이지 않을까 하고 걱정하다)
   그다지 기대하고 싶지 않은 마음을 나타낼 때 또는 상대방에게 정중하게 말할 때 쓰는 표현이다. 반대는 I hope ~

   I'm afraid you can't succeed without working.
   일을 하지 않고서는 성공을 할 수 없을 텐데요.
   I'm afraid you are wrong about that.
   그것에 대해서는 당신이 잘못하신 것 같습니다만.

3. **the eldest son**
   가족관계의 순서를 나타낼 때 미국에서는 **the oldest son**이라고 하고, 영국에서는 elder, eldest를 사용한다.

   My **elder brother** is three years older than your younger sister.
   나의 형은 너의 여동생보다 3살 위이다.
   His **eldest son** is the oldest student in our school.
   그의 장남은 우리 학교에서 가장 나이 많은 학생이다.

Step 5 문법 해설

1 동명사

They dreamed of being rich. 그들은 부자가 되는 것을 꿈꾸었다.

여기서 being rich(부자가 되는 것)는 동명사이다.

① 주어 용법

Smoking is bad for the health. 흡연은 건강에 좋지 않다.

② 목적어 용법

He likes **smoking**. 그는 담배 피우는 것을 좋아한다.

③ 보어 용법

Seeing is **believing**. 보는 것은 믿는 것이다. – 백문이 불여일견

④ 전치사의 목적어 용법

He dreams of **being** famous. 그는 유명하게 되는 것을 꿈꾸고 있다.

I cannot see this picture without **remembering** your mother.

이 사진을 볼 때마다 너의 어머니가 생각난다.

2 이중부정

You **can't** succeed **without** working.

일을 하지 않고는 성공할 수 없다.

There is **no** smoke **without** fire.

아니 땐 굴뚝에 연기 나랴.

He **never** comes **without** bringing some present.

그가 올 때는 반드시 선물을 갖고 온다.

I **can't** see you **without** thinking of your brother.

너를 만날 때마다 너의 형이 생각난다.

Step 6 연습 문제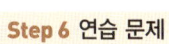

1. 본문의 밑줄 친 (A)의 내용을 가장 잘 나타낸 것을 하나만 고르세요.

   ① 세 아들이 밭일을 돕지 않고, 또 전혀 일을 하려고 하지 않기 때문에 세상으로 나가서 자신들의 손으로 돈을 벌어오라는 어머니의 충고.
   ② 마을을 돌아다니며 부자가 될 수 있는 일거리를 세 명의 아들에게 찾아보라는 어머니의 충고.
   ③ 아버지가 돌아가신 뒤에 세 명의 아들도 자신과 함께 밭에서 일을 하여 돈을 벌어보자는 어머니의 충고.
   ④ 7년 후에 세상에 나가 돈을 벌어서 돌아오라는 어머니의 충고.

2. 본문의 밑줄 친 (C)의 내용을 가장 잘 나타낸 것을 하나만 고르세요.

   ① 공주를 또다시 괴물에게 뺏길지도 모른다는 왕의 고민.
   ② 함께 구출 활동을 했던 3형제 가운데 누구와 공주를 결혼시켜야 하는가 하는 왕의 고민.
   ③ 3형제 가운데 한 명은 도둑이므로 나머지 두 명 가운데 누구와 공주를 결혼시켜야 하는가 하는 왕의 고민.
   ④ 공주 대신 영토의 절반을 3형제에게 빌려주면 어떨까 하는 왕의 고민.

3. 본문의 밑줄 친 (B), (D)는 구체적으로 무엇을 가리키는가? 본문 속에서 해당되는 어구를 찾아 영어로 쓰세요.

   (B) _____
   (D) _____

4. 다음 중 본문의 내용과 일치하는 것을 3개 고르세요.

① The three sons decided they would work as hard as their father did when he was working hard in the fields.
② Their mother worked alone in the fields, because she asked her sons to walk around the village to become rich.
③ Their mother was glad, because her sons decided to help her before they went out into the wide, strange world.
④ After the three sons left home to make their own money, their mother stayed at home by herself to work in the fields.
⑤ The three sons were away from their mother for seven years, and they returned with their different ways of making money.
⑥ When Tom saw the tower with his telescope, he found that the princess was not in it.
⑦ Though the princess was caught by a monster, the king didn't want the three brothers to save her.
⑧ The king promised that the man who saved daughter could marry her, but three were too many for one princess.
⑨ After they got the king's land, the three brothers kept doing their own jobs instead of becoming farmers.

5. ( ) 안에 알맞은 말을 넣고 우리말로 옮기세요.

   (1) The poor farmer worked from morning (　　　) night.

   (2) When he was young, his family lived from hand (　　　) mouth.

   (3) It is difficult to succeed (　　　) working hard.

   (4) He is good (　　　) playing the piano.

6. 다음 영문을 우리말로 옮기세요.

   (1) I'm afraid I cannot agree with you.

   (2) His eldest daughter is older than my eldest son.

   (3) Thank you for writing me so often.

   (4) He began by explaining the meaning of the word.

▶정답 p.254

Unit 02 Samson and Delilah

학습일

Step 1 단어 익히기

- **Philistine** 필리스틴[블레셋] 사람
  (기원전 1200년부터 Palestine 남서부에 살았고 다년간 이스라엘을 괴롭힌 비유대 종족)
- **secret** 비밀
- **willow** 버드나무
- **he had tricked her**
  그녀를 속였다는 것(과거완료에 주의)
- **be determined** 결심했다
- **give in** 굴복하다, 양보하다
- **had had his hair cut** 머리카락을 잘리다
- **make fun of ~** ~을 비웃다
- **pillar** 기둥

Step 2 리딩 포커스

1. 삼손은 어떤 사람인가?
2. 필리스틴 사람은 어떤 사람들인가?
3. 삼손의 힘의 비밀은 어디에 있었는가?

 **Step 3 독해 훈련**

 Level 3

　Once there was a man / named Samson. // He was very big / and strong, / and his hair was very long. // Most people were afraid of him / because he was so strong, / and he had many enemies. // Most of them were Philistines / because he had married a Philistine woman / (A) whom he was very unkind. // The Philistines did not believe in God. //

　Samson began to visit another Philistine woman / named Delilah. // When the Philistines heard / that Samson was visiting Delilah, / they offered her a lot of money / to find out / the secret of Samson's strength. // Every day / she worried him / (B) endless questions. // So Samson told her / that if he was bound / with seven green willows / he would lose his strength / and be like ordinary men. // When he was asleep / Delilah bound Samson / with seven willows / and then she called: / "Samson, / the Philistines are coming / to attack you." //

　He woke up / and broke the willows / (C) pieces / in a second. // Again she worried him / for days and days / (D) questions / until he told her / that if he was bound / with two new ropes / he would be powerless. // But Delilah discovered / that he had tricked her again. //

　Delilah was even more determined / to discover his secret, / so she questioned him again / until / at last / Samson gave in. // He told Delilah / what he thought made him strong. // He said / he had been born a Nazarite. // Now Nazarites were people / who promised / to be faithful

/ to God, / and never shaved / or cut their hair. // So Samson had never had his hair cut. // Delilah sent (E) the Philistines / and told them / to bring their money, / as she had / at last / found out Samson's secret. // When Samson was asleep / she shaved off all his hair. //

Then she awoke him / crying, / "The Philistines are coming / to attack you!" //

He sparng up not knowing / that his hair was cut, / and that his strength would fail him. // The Philistines bound him / with chains / and put him / in prison. //

1. A huge crowd of Philistines / were gathered there / to laugh at / and make fun of Samson. //

2. Samson asked the boy / to lead him / to the pillars. //

3. After a long time / in prison, / Samson's hair grew again. //

4. He was blind / and a young boy led him in. //

5. One day / the Philistines brought him / into the temple / called Dragon. //

Samson took hold (F) the pillars / and prayed / that his strength would come again. //

"Let us all die!" / he cried, / and pulled the pillars down / so that the temple fell / and killed them all. //

▶해석 p.241

Step 4 어구 해설

1. The Bible에 관하여
성서에는 The Old Testament(구약성서)와 The New Testament(신약성서)가 있다. 본문은 구약성서 7번째 이야기인 Judges(판관기) 속의 이야기이다. The Old Testament에는 유태 민족의 역사가 적혀 있다.

2. send for ~ (~을 부르러 보내다)
Send for a doctor, please.
의사를 불러 주십시오.

He **sent for** an ambulance and took her to the hospital.
그는 구급차를 불러서 그녀를 병원으로 데리고 갔다.

3. give in ~ (~에게 굴복하다)
I shall never **give in**.
나는 결코 굴복하지 않을 것이다.

Don't **give in** while you can stand and see.
참을 수 있는 동안은 항복하지 마라.

He **gave in** to the wish of the majority.
그는 다수의 의견을 따랐다.

4. fail에 관하여
타동사로 '(해야할 일을) 하지 않다, 실망시키다'.

He **failed** to come. 그는 오지 않았다.
My heart **failed** me. 나는 낙담하였다.
My tongue **failed** me. 나는 지껄이지 않았다.

Step 5 문법 해설

1 삽입구

He told Delilah what **he thought** made him strong.

he thought 부분이 삽입구인데 본래의 He told Delilah what made him strong. 이라는 문장 안에 he thought가 들어간 것이다. 따라서 해석은 '자신을 강하게 만든다고 생각하는 것'이 된다.

2 **have** + 목적어 + 과거분사: 목적어를 '~해 받다'

Samson had never **had** his hair cut.
삼손은 결코 머리를 깎지 않았다.

I usually **have** my hair cut once a month.
나는 보통 한 달에 한 번씩 머리를 깎는다.

He **had** his watch stolen yesterday.
그는 어제 시계를 도난당했다.

3 분사구문

He sprang up not **knowing** that his hair was cut.
그는 자신의 머리가 깎인 것을 모르고 벌떡 일어섰다.

현재분사(-ing) 또는 과거분사로 만들어지는 구문을 분사구문이라고 하며 여러 가지 용법이 있다. '~하면서'로 해석되는 경우는 동시적 상황 또는 부대적(부대적) 상황이라고 한다.

Smiling happily, she shook hands with me.
행복하게 미소를 지으면서 그녀는 나와 악수를 하였다.

She sat silent **thinking** of her son.
그녀는 아들을 생각하면서 조용히 앉았다.

4 **and that his strength would fail him**의 **that**는 필요한가?

that가 있기 때문에 '자신의 힘이 약해져 있는 것도 모르고'와 같이 that 이하가 not knowing에 걸리게 된다. that가 없으면 '그리고 그의 힘이 약해질 것이다'라는 의미로 know에 걸리지 않게 된다.

 **Step 6 연습 문제**

1. 본문의 (A)~(F)에 각각 들어갈 적당한 전치사를 아래에서 고르세요.

   ① about   ② after   ③ at   ④ by   ⑤ for
   ⑥ into   ⑦ of   ⑧ on   ⑨ to   ⑩ with

   (A) _____   (B) _____   (C) _____
   (D) _____   (E) _____   (F) _____

2. 본문 속의 1~5의 각 문장을 본문의 내용에 맞도록 배열하세요.

   ① 5 - 2 - 4 - 1 - 3   ② 5 - 4 - 2 - 3 - 1   ③ 3 - 5 - 1 - 4 - 2
   ④ 3 - 1 - 5 - 4 - 2   ⑤ 1 - 5 - 4 - 2 - 3

3. 다음 중에서 본문의 내용과 일치하는 것을 두 개 고르세요.

   ① 삼손은 힘이 너무 세서 필리스틴 사람들 중에는 적이 없었다.
   ② 삼손의 후처인 데릴라는 삼손을 배신하였다.
   ③ 데릴라가 끈질기게 힘의 비밀을 물었기 때문에 삼손은 결국 그것을 가르쳐 주고 말았다.
   ④ 필리스틴 사람들은 삼손을 끈으로 묶고 그 위에 다시 쇠사슬로 묶은 다음에 감옥에 집어넣었다.
   ⑤ 나사렛인들은 신앙심이 깊어서 머리를 깎는 일이 없었다.

4. 다음을 우리말로 옮기세요.

(1) Do what you think is right.

(2) Here is something good in what many people think is old-fashioned.

(3) He sat up till late at night reading a detective story.

(4) He went to school thinking of the result of the examination.

(5) He said that he did not like mathematics but that his brother liked it.

5. 다음 각 영문의 ( ) 안의 동사를 적당한 형태로 고치고 우리말로 옮기세요.

(1) He had his house (build) by a nearby carpenter.

(2) He had his watch (mend) in London.

(3) He had his hat (blow) off by a strong wind.

(4) (Point) to a tall iron tower in the picture of Paris, the Frenchman said, "This is the Eiffel Tower."

(5) (Put) the telescope to his blind eye, the boy said, "I really do not see the signal."

Unit 03 Mozart in His Requiem

Step 1 단어 익히기

- **find oneself in need of ~**
  ~가 필요한 입장이 되다
- **piece** 곡, 작품
- **pantomime** 무언극
- **If ~** 가령 ~이더라도
- **lack** 모자라다
- **not ~ by any means** 절대로 ~않다
- **stir** 돋우다, 자극하다
- **Don Giovanni** 돈 조반니(모짜르트의 오페라)
- **composer** (특히 클래식 음악) 작곡가
- **imaginative** 창의적인, 상상력이 풍부한
- **The Magic Flute**
  마술피리(모짜르트의 오페라)
- **their elders** 손윗사람들
- **requiem** 진혼곡

Step 2 리딩 포커스

1. 모차르트가 진혼곡을 작곡하게 된 배경에는 어떤 일이 있었는가?

Step 3 독해 훈련

A year later, / at twenty-six, / Mozart married, / and at once / found himself / in more need of money / than ever. // He worked harder / to turn his love of music / into money. // In spite of the need / he found time / (가) to write pieces / for his wife alone. //

(나) Sometimes / Mozart and his wife, / in theatrical costumes, / acted out pantomimes. // For her voice, / although she was not strongly musical, / Mozart wrote parts of some / of his religious works. //

(다) If the family sometimes / lacked money, / it did not lack love. // Yet the family did not lead a regular life / by any means. // Often / he was away from home, / writing back homesick letters. // He would often play / on musical instruments / most of the night. // Sometimes, / in the middle of a night, / he would wake up wife and children, / and say, / (A) "Take a seat / and listen. // I want (라) you to hear / what I have just written." //

Mozart was thirty-one / when he wrote / "Don Giovanni," / another great work, / with a depth of thought / and feeling / that shows / how Mozart's power / as a composer was growing. //

In the thirty-five years of his life / Mozart wrote / as many as / six hundred and twenty-six musical works. //

In 1791, / the year of his death / at the age of thirty-five, / Mozart wrote an imaginative opera, / "The Magic Flute." // In this fairy story /

in music / Mozart pleases children, / and stirs serious thoughts / of their elders, / too. //

For a long time / Mozart believed / that he could not live / **(B)** to be an old man. // Then while he was writing / "The Magic Flute," / a strange thing happened. //

A man / whom he did not know / at all / come to Mozart / and asked him / to write a requiem. // The man looked so strange, / said so little about himself / and about his reasons / for wanting a requiem, / that Mozart more than half believed / that the man was a heavenly messenger / **(C)** sent to warn him / of his own coming death. //

Time went by. // Mozart finished / "The Magic Flute," / and also another opera. // Again the mysterious man came, / and this time / (마) paid Mozart to write the requiem / at once. //

Mozart fully believed / that this would be his own requiem. // At once / he **(D)** went to work / with a strong passion / for it. // Into the music / that he composed / he put all of his genius; / it is his most beautiful work. //

A third time / the strange man came / for the requiem. // This time / he found Mozart dead. //

▶해석 p.242

Step 4 어구 해설

1. **in need of ~** (~을 필요로 하다)

   Mozart found himself **in** more **need of** money.

   모차르트는 더 많은 돈을 필요로 하고 있었다.

   The ship is **in need of** repairs.

   그 배는 수리가 필요하다.

2. **turn A into B** (A를 B로 바꾸다)

   Mozart worked harder to **turn** his love of music **into** money.

   모차르트는 음악에 대한 애정을 돈으로 바꾸기 위해 열심히 일했다.

   The fairy **turned** the rats **into** horses. 요정은 쥐들을 말들로 바꾸었다.

   The farmers **turn** cream **into** butter. 농민들은 크림을 버터로 바꾼다.

3. **piece(s):** 작품 (음악, 그림, 문학 따위)

   Mozart wrote **pieces** for his wife alone.

   모차르트는 아내만을 위한 작품을 썼다.

   She is fond of playing short **pieces** by Mozart.

   그녀는 모차르트의 짧은 곡들을 연주하기 좋아한다.

   "Uncle Tom's Cabin" is the **piece** of literature which stirred anti – slavery sentiment.

   '톰 아저씨의 오두막집'은 노예폐지 기운을 고조시킨 작품이다.

4. **lead a regular life** (규칙적인 생활을 보내다)

   이것은 동족목적어와 같은 표현이다. 동족목적어라는 것은 서술어로 쓰인 동사와 의미상으로 닮은 명사가 목적어로 되어있는 것을 말한다.

   Yet the family did not **lead a regular life**.

   그러나 가족은 규칙적인 생활을 보내지 않았다.

   They **lived a happy life**.

   그들은 행복한 생활을 보냈다.

   They **fought a fierce battle** here.

   그들은 여기에서 격렬한 싸움을 했다.

1 양보 표현

'가령 ~일지라도'와 같은 표현을 양보 표현이라 한다.

If the family sometimes lacked money, it did not lack love.
그 가족은 때때로 돈이 모자라긴 했지만 애정은 모자라지 않았다.

If I am wrong, you are at least not absolutely right.
내가 틀리긴 했어도 적어도 네가 절대적으로 옳은 것은 아니다.

If he said anything, she did not hear it.
그가 어떤 말을 해도 그녀는 듣지 않았다.

2 과거의 습관을 나타내는 would

'~하곤 했었다'라고 해석하면 된다.

He **would** often play on musical instruments most of the night.
그는 종종 밤새도록 악기를 계속 연주하곤 했었다.

He **would** often doze off by the fireside.
그는 화롯가에서 종종 졸곤 했었다.

과거의 습관을 나타내는 표현으로서 **used to**가 있는데, **used to** ~의 경우는 객관적인 기술에 쓰이기도 한다.

There **used to** be a bridge here. (옛날에는) 여기에 다리가 있었다.
I **used to** be ill while young. 젊었을 때는 병에 종종 걸렸었다.

3 부정사 – 결과를 나타내는 부사적 용법

live to be an old man에서 이 to be라는 부정사는 결과를 나타내는 것으로 '살아서 (그 결과로서) 노인이 되다'라는 의미이다.

Mozart believed that he could not live **to be** an old man.
모차르트는 자신은 오래 살 수 없다고 믿었다.

I awoke one morning **to find** him standing by the side of my bed.
어느 날 아침에 깨어나 보니 그가 나의 침대 옆에 서 있었다.

Step 6 연습 문제

1. (A) 문장과 (B) 문장의 뜻이 같아지도록 ( ) 안을 채우세요.

   (1) (A) Take a seat and listen.
   (B) (   ) (   ) and listen.

   (2) (A) He believed that he could not live to be an old man.
   (B) He believed that he could not live (   ).

   (3) (A) The man was a heavenly messenger sent to warn him.
   (B) The man was a heavenly messenger (   ) (   ) sent to warn him.

   (4) (A) He went to work at once.
   (B) He (   ) to work at once.

2. 밑줄 친 (가) (다)의 용법에 가장 가까운 것을 각각 고르세요.

   (가) ① It has grown to be a huge monster.
   ② I am glad to know that you were successful in the exam.
   ③ His ideas are difficult to understand.
   ④ It shows desire by the writers to change society.

   (다) ① If you mix red and blue, you get purple.
   ② They want to find out if we are telling the truth.
   ③ I am not surprised if it happens.
   ④ If you run, you may get there in time.

3. 밑줄 친 (나) (라) (마)의 의미와 가장 가까운 것을 고르세요.

   (나) Sometimes Mozart and his wife acted out pantomimes.
   ① From time to time ② By and by
   ③ Over and over ④ All the time

   (라) I want you to hear what I have just written.
   ① his children ② Mozart
   ③ his wife and children ④ his wife

   (마) and this time paid Mozart to write the requiem
   ① paid a visit to Mozart ② paid money to Mozart
   ③ paid attention to Mozart ④ visited Mozart

4. 본문 내용과 다른 것을 있는 대로 고르세요.

   ① It was in 1791 that Mozart died.
   ② Mozart's great operas were written after he was 30 years old.
   ③ Mozart wrote far more than six hundred and twenty-six musical works in the thirty-five years of his lief.
   ④ The requiem was written in 1791.
   ⑤ "The Magic Flute" was written in 1791.
   ⑥ The requiem was left unfinished.
   ⑦ Mozart believed that the strange man was a messenger from Heaven.
   ⑧ Mozart felt that he was nearing his end while writing the requiem.
   ⑨ Mozart loved his wife.

5. 다음 ( ) 안에 알맞은 말을 넣고 우리말로 옮기세요.

(1) He was badly (　　　　) need of time. He was really a busy man.

(2) Heat turns water (　　　　) vapor.

(3) The lonely man is (　　　　) need of friendship.

(4) The cold wind turned the green color of the leaves (　　　　) yellow.

6. 왼쪽의 우리말의 뜻이 되도록 오른쪽 영문의 (　)를 채우세요.

(1) 그는 크게 웃었다. He laughed a hearty (　　　　).
(2) 행복한 생활을 하시기를! May you live a happy (　　　　)!
(3) 우리는 열띤 경주를 했다. We ran a heated (　　　　).

7. 다음의 영문을 우리말로 옮기세요.

(1) Even if I am in trouble, I don't want any help from him.

(2) I used to go to church when young, but I would often be late for the service.

(3) He woke up one morning to be a famous man.

Final Test - 3

  Step 1 단어 익히기

- **politics** 정치, 정계
- **office** 공직
- **Connecticut** 코네티컷(미국 북동부의 주)
- **scholarship** 장학금
- **run ~** ~을 경영하다
- **run for ~** ~에 입후보하다
- **Congress** 의회
- **tax** 세금
- **expense** 지출, 비용

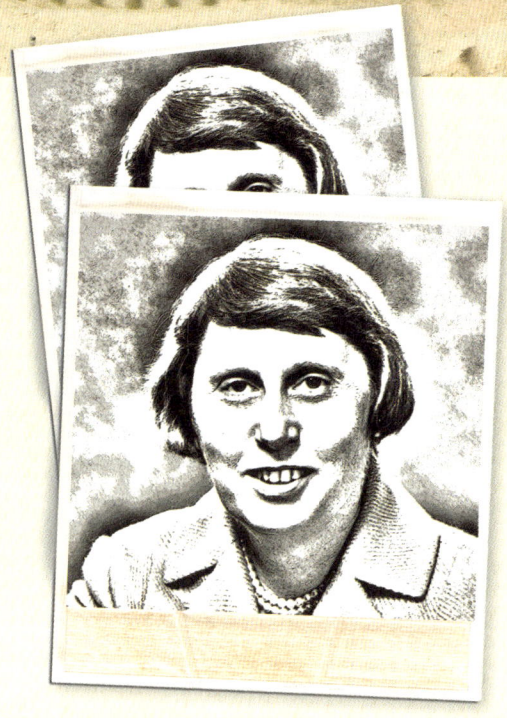

  Step 2 리딩 포커스

Level 3 실력 테스트에 도전해 보자. 지금까지 장문 독해를 차근차근 공부했다면 어렵지 않게 문제를 풀 수 있을 것이다. 자신의 실력을 진단할 수 있도록 주어진 시간 내에서 도전해 보기 바란다.
(시간 = 30분) (합격점 : 70점) (득점 :   점)

Step 3 독해 훈련

Few women have done / very great things / in American politics. // Most of the women / who have taken high offices / **(1)** have done so / because their husbands or fathers / held those offices / before **(2)** them. // Ella Grasso was one of the few women. // She became governor of Connecticut / with little help / from others. //

Ella's father had little money. // She worked hard at school / and won a scholarship / to a good college. // After graduating from the college, / she married a school teacher. // For the next three years / they ran a movie theater / in a small town / in Connecticut. //

During World War II / Ella decided to work in politics. // At first / she ran for office / in a little town, / and after several years / took higher offices. // She wanted / poor people to be happy, / and worked so hard for them / that she became (A). // In 1970, / people elected her / to the U.S. Congress. //

But she found / the size of the national government / was too big for her / to do a lot of things / as she liked. // Ella was not satisfied / with her new office, / and in 1974 / she went back to Connecticut / to run for governor. // She won / and for the next six years / she worked very hard / to govern Connecticut. //

She thought / that the size of the state government / should be (B). // While she was governor / the taxes in Connecticut / were low. // She tried to cut her own expenses / and did not use any expensive car. // She was a very wonderful governor / and **(3)** at the time of her death / in 1981, / Ella Grasso was one of the most respected women / in the United States. //

Step 6 연습 문제

1. 밑줄 친 (1)은 구체적으로 어떤 것을 가리키는지 우리말로 설명하세요. (20점)

   _____

2. 밑줄 친 (2)의 them은 무엇을 가리키는가? (10점)

   ① few women
   ② high offices
   ③ most of the women
   ④ very great things
   ⑤ their husbands or fathers

3. (A)에 들어갈 가장 알맞은 것은? (10점)

   ① beautiful   ② healthy   ③ hungry   ④ popular   ⑤ kind

4. (B)에 들어갈 가장 적절한 말을 본문에서 찾아 쓰세요. (20점)

   _____

5. 밑줄 친 (3)과 같은 의미가 되도록 ( )를 채우세요. (10점)

   (   ) she (   ) in 1981

6. Ella Grasso가 주지사가 되어서 한 일 두 가지를 우리말로 구체적으로 쓰세요. (30점)

   _____

   _____

▶ 정답 p.255

본문 해석 & 연습문제 정답

LEVEL 1

01. 로이의 그림 (본문 p.15)

로이는 세 살 때 그림을 그리기 시작했다. 로이가 다섯 살 되었을 때, 그의 늙은 삼촌은 이젤과 물감을 주었다. 소년은 무척 기뻐하며 곧바로 그림을 그리기 시작했다.

그 그림은 굉장히 아름답고 흥미로워서 삼촌은 그림이 무척 마음에 들었다.

"이 아이는 조금 더 크면 유명해질 거야. 그러면 사람들이 많은 돈을 내고 그의 그림을 사고 싶어 할 테지." 그가 말했다.

로이의 그림은 다른 사람들의 그림과는 아주 달랐고, 종이의 절반에만 그림을 그렸다.

어느 날 삼촌은 정원에서 이젤 앞에 있는 로이를 보고 물었다.

"로이, 제발 말 좀 해 봐. 넌 왜 위쪽에는 그림을 그리지 않는 거니?"

"저는 키가 작아서 높은 곳에는 붓이 닿지 않아요." 로이가 말했다.

02. 고양이인가, 개인가? (본문 p.19)

맥스는 개를 갖고 싶었지만 아파트에 살고 있었기 때문에 가질 수 없었다.

어느 날 아버지가 말했다. "너 애완동물 갖고 싶지? 우리 고양이 한 마리 살까?"

"그럼요! 개를 가질 수 없다면 고양이라도 좋아요." 맥스가 말했다.

맥스와 아버지는 애완동물 가게로 가서 고양이를 한 마리 샀다.

"너의 애완동물을 사랑해줘라, 맥스." 아버지가 말했다.

집에 돌아오자 맥스는 작은 종이 공을 만들어 고양이 앞에 던졌다. 고양이는 그 공을 잡아서 그에게로 가져왔다.

"정말 근사한 고양이잖아! 공을 잡을 줄 알아." 맥스는 말했다.

그날 밤, 고양이는 맥스의 방에서 같이 잤다. 다음 날, 학교에서 맥스가 돌아왔을 때 고양이는 문에서 그를 기다리고 있었다.

"이 고양이는 마치 개 같아. 공을 잡을 줄 알고, 내 방에서 자고, 학교에서 돌아오면 나를 맞아주잖아. 난 얘를 '개'라고 부를 거야."

03. 베스 이모 (본문 p.23)

릴리는 6살이다. 형제자매가 없기 때문에 그 아이는 보통 몇 시간이고 혼자 논다. 어느 날 엄마가 릴리에게 말했다.

"릴리, 엘리자베스 이모가 와서 며칠 동안 여기서 지낼 거야."

릴리는 그녀를 베스 이모라고 부른다. 이모는 엄마보다 4살 아래다.

베스 이모는 금요일 오후에 비행기로 도착했다. 릴리와 엄마는 함께 공항으로 이모를 마중 나갔다. 베스 이모는 릴리에게 줄 선물이 잔뜩 들어 있는 커다란 가방을 끌고 있었다. 그 속에 예쁜 인형이 있었는데 릴리는 그것을 굉장히 좋아했다. 저녁을 먹고 나서 릴리는 베스 이모와 게임을 하며 즐겁게 놀았다. 릴리는 무척 행복했다.

일요일 저녁에 베스 이모가 릴리에게 말했다.

"나는 내일 집으로 가야 해."

이모를 정말 사랑했기 때문에 릴리는 무척 슬펐다. 다음 날, 릴리와 엄마는 베스 이모와 함께 공항으로 갔다. 공항으로 가는 길에 릴리가 말했다.

"베스 이모, 하루만 더 있어줘요."

"미안해, 릴리. 난 너무 바빠서 더 있을 수 없어. 또

올게." 베스이모가 말했다.
이모가 비행기 안으로 들어가자마자 릴리는 울음을 터뜨리며 말했다.
"베스 이모는 왜 내가 아는 모든 사람들처럼 땅에서 살지 않고 하늘에서 사는 거야?"

04. 신사답게 (본문 p.27)

디클랜은 7살이고, 그의 여동생 엠마는 5살이었다. 어느 날 엄마는 그들을 이모 집으로 데리고 가서 말했다.
"난 지금 장보러 갈 거야. 내가 돌아올 때까지 이모와 함께 여기 있어."
아이들은 한 시간 동안 함께 놀았다. 디클랜이 여동생에게 무척 친절해서 이모는 기뻤다. 이모는 그들을 부엌으로 데리고 가서 디클랜에게 근사한 케이크와 칼을 주며 말했다.
"자, 여기 칼, 디클랜. 이 케이크를 반으로 잘라서 엠마에게 한 조각 줘. 하지만 신사답게 해."
"신사답게요? 신사는 어떻게 하는 건데요?" 디클랜이 물었다.
"신사는 언제나 상대방에게 더 큰 조각을 준단다." 이모가 곧바로 대답했다.
"아." 디클랜이 말했다. 그는 자신에게 말했다. "내가 이걸 자르면 큰 조각을 가질 수 없어. 엠마에게 자르라고 할까? 하지만 엠마는 내 어린 여동생인걸."
그러고 나서 디클랜은 케이크를 잘라 동생에게 더 큰 조각을 주었다. 이모는 그것을 보고 미소를 지었다.

05. 한 번에 세 벌 (본문 p.31)

애셔 씨는 65세이고 부인은 61세이다. 애셔 씨는 작고 말랐으며, 부인은 몸집도 크고 키도 크다. 그녀는 밝은 성격이 아니다. 그녀는 언제나 누구든 무엇이든 비난한다. 그리고 다른 어느 누구보다도 남편을 더 비난한다. 그녀는 늘 이웃 사람들에게 말한다.
"그는 제대로 하는 일이 하나도 없어요."
지난달에 그녀는 남편에게 말했다.
"당신 칼라 좀 봐요! 칼라에 구멍이 두 개나 났잖아요! 새 셔츠를 몇 벌 사야겠어요."
그 날 오후에 그녀는 가게에 가서 남편에게 줄 새 셔츠 세 벌을 샀다.
다음날 아침에 애셔 씨는 그 세 벌 가운데 한 벌을 입고 부엌으로 내려갔다. 애셔 부인은 그를 쳐다보고 고함을 질렀다.
"다른 셔츠 두 벌은 뭐가 잘못됐어요? 그것들은 마음에 안 들어요?"

06. 옆방의 하느님 (본문 p.35)

존은 초콜릿을 무척 좋아하지만 엄마는 초콜릿이 이에 좋지 않다고 생각하고 있었기 때문에 절대로 주지 않았다. 하지만 존에게는 무척 자상한 할아버지가 있었다. 그 노인은 손자를 무척 사랑해서 가끔씩 손자를 보러 올 때 초콜릿을 가져다주었다. 그때는 엄마도 먹게 해주었다. 왜냐하면 노인을 행복하게 하고 싶었기 때문이다.
일곱 번째 생일을 2, 3일 앞둔 어느 날 저녁, 존은 자기 전에 침실에서 기도를 하고 있었다.
"하느님, 제발 토요일 제 생일에 그분들이 저에게 커다란 초콜릿 상자를 주게 해주세요." 그는 크게 소리쳤다.
엄마는 부엌에 있다가 존이 소리 지르는 것을 듣고 재빨리 그의 침실로 들어와서 말했다.
"존, 왜 소리를 지르니? 하느님은 네가 조용히 말해도 들으실 수 있잖니."
"알아요. 하지만 옆방에 계신 할아버지는 듣지 못하시잖아요." 영리한 소년은 웃으며 말했다.

07. 언덕 정상에서 (본문 p.39)

정오쯤에 우리는 높은 언덕의 꼭대기에 도착하여 점심을 먹기 위해 나무 아래에 앉았다. 많이 걸은 뒤라 그런지 엄마가 만든 샌드위치는 정말 맛있었다. 우리가 먹고 있는데, 갑자기 동생이 소리쳤다. "저것 좀 봐요! 저쪽에 하얀 산이 있어요!"
언덕너머 저 멀리에 새하얗게 눈 덮인 높은 산이 보였다. 푸른 하늘 아래에서 그것은 작아 보였다.
"아, 저건 한라산이야! 비가 온 뒤에는 공기가 아주 맑아서 멀리까지 볼 수 있는 거야. 저 산은 2km나 떨어져 있어." 엄마가 말했다.
"겨우 2km라고? 난 더 멀리 있는 것도 볼 수 있단다, 얘들아." 아빠가 말했다.
"정말이에요?" 우리가 물었다.
"저녁에 우리는 달을 볼 수 있잖아. 달과 한라산 중에서 어느 게 더 멀리 있니?" 아빠가 말했다.

08. 13과 검은 고양이 (본문 p.43)

잭슨 씨는 뉴욕 근처의 작은 도시에 살고 있는 노인이었다. 그는 남쪽으로 이사하고 싶었다. 그곳이 겨울에 더 따뜻하기 때문이다. 하지만 잭슨 씨는 집을 팔 수 없었다. 그는 스테이션 거리 13번지에 살았는데, 미국과 영국에서는 13이라는 숫자는 불길한 숫자라서 아무도 잭슨 씨의 집을 사려 하지 않았던 것이다.
어느 날 저녁에 잭슨 부인이 남편에게 말했다.
"우리 집 번지를 13에서 12A로 바꿔야 해요. 그러면 누군가 우리 집을 살지도 몰라요."
잭슨 씨는 집 번지를 바꾸었다. 그러고 나서 이웃사람에게 검은 고양이를 빌려서 바구니 안에 넣어 두었다. 사람들은 검은 고양이는 행운을 가져온다고 생각한다.
다음날, 화이트 부부가 집을 보러 왔다. 잭슨 씨는 그들이 차에서 내리는 것을 보았다. 그가 바구니를 열자 검은 고양이가 뛰어 나왔다. 고양이는 집밖으로 나가서 잔디밭을 가로질러 자기 집 쪽으로 달려갔다. 화이트 부인은 고양이를 보고 남편에게 말했다.
"아! 검은 고양이예요. 이 집은 우리에게 행운이 될 거예요."
화이트 부부는 집을 둘러보고 나서 샀다. 잭슨 부부는 더 따뜻한 도시로 이사할 수 있게 되어서 무척 기뻤다.

09. 깨끗한 호텔 (본문 p.47)

우드 씨는 23세이고 그다지 부자는 아니었다. 그는 결혼하지 않았고 시내의 두 칸짜리 작은 집에서 살고 있었다. 여름마다 우드 씨는 휴가를 보내러 바다에 갔다. 그는 작고 싼 호텔에 머물렀지만 항상 깨끗한 방을 원했다. 그는 더러운 곳을 싫어했다.
어느 여름에 그의 친구가 말했다.
"플로리다의 타워 호텔에 가 봐. 작년에 거기에 갔었는데, 정말 멋지고 깨끗했어."
그래서 우드 씨는 플로리다의 타워 호텔로 갔다. 하지만 그 해에는 다른 지배인이 있었다. 그 새 지배인은 우드 씨를 방으로 데려갔다.
"침대 시트는 깨끗합니까?" 우드 씨가 물었다.
"네, 물론 그렇고말고요. 오늘 아침에 세탁했습니다. 만져 보세요. 아직도 축축하잖아요." 그는 화난 목소리로 대답했다.

10. 등산하는 법 (본문 p.51)

어떻게 하면 피로해지지 않고 산을 올라갈까? 모토는 이것이다.
천천히 갈 것. 산을 뛰어 올라가 친구들보다 먼저 정상에 가려 하지 마라.
서두르지 말 것. 규칙적으로 호흡하고 숨을 들이쉬면서 2보 걷고 내쉬면서 2보를 더 걸어라.

발바닥 전체를 평평하게 땅에 대도록 주의할 것. 먼저 발 전체로 땅을 느끼고 나서 발에 체중을 실어야 한다.

5분마다 앉지 말고 때때로 풍경을 보기 위해 두세 걸음씩 멈출 것. 식사나 휴식을 가질 때만 앉아라. 이것만 기억하면 당신도 산을 쉽게 오르게 될 것이다.

11. 말을 삼켰어요 (본문 p.55)

어느 날, 한 남자가 의사에게 진찰받으러 가서 말했다.
"선생님, 제가 말을 삼켜서 몸이 무척 아파요."
그 의사는 잠깐 생각하고 나서 말했다.
"알겠습니다. 켄트 씨. 제가 도와드리죠. 침대에 누우세요."
간호사가 남자에게 주사를 놓자 그는 잠이 들었고 의사는 재빨리 시내로 말을 찾으러 나갔다. 30분 후에 그는 말 한 마리를 찾아 빌려서 사무실로 데려왔다. 그래서 켄트 씨가 깨어났을 때 그의 앞에는 말이 서 있었다.
"켄트 씨, 여기 말이 있죠. 제가 당신 위장에서 끄집어냈으니 이제는 더 이상 당신을 괴롭히지 않을 겁니다." 의사가 말했다.
처음에 켄트 씨는 무척 기뻐했지만 한 번 더 말을 쳐다보고는 이렇게 말했다.
"하지만 선생님, 제 말은 백색인데 이건 갈색이잖아요!"

12. 톰의 병 (본문 p.59)

어젯밤에 남동생 톰이 병이 났다.
엄마는 그의 곁에 앉아서 거의 뜬눈으로 밤을 새웠다. 아빠와 나도 제대로 잘 수가 없었다. 오늘 아침에 눈을 떴을 때 나는 무척 졸렸지만 학교에 가야 했기 때문에 6시에 일어났다.

방과 후에 나는 보통 친구들과 테니스를 쳤지만 오늘은 그러지 않고 평소보다 일찍 학교를 나왔다. 엄마를 돕고 싶었다. 집에 도착하자마자 나는 엄마에게 물었다.
"톰은 나아지고 있어요?"
"응, 며칠 내로 훨씬 좋아질 거야." 엄마가 말했다.
"잘됐네요. 엄마는 피곤하고 졸려 보여요. 잠깐 주무시는 게 좋겠어요. 제가 엄마 일을 할게요." 내가 말했다.
"테니스도 치지 않고 집에 와줘서 고맙다. 하지만 숙제해야 되지 않니?" 엄마가 말했다.
"있어요. 하지만 그건 자기 전에 잠깐 하면 되요." 내가 말했다.
엄마는 웃으며 나에게 말했다. "제인, 넌 참 훌륭한 아이야!"
저녁식사를 마치고 엄마와 내가 부엌에서 일하고 있을 때 엄마가 나에게 말했다.
"너는 나를 충분히 도와주었어. 내가 오늘 할 일의 거의 반을 네가 했구나."
"그렇게 말씀하시니 기뻐요. 내일도 도와드릴게요." 내가 말했다.

13. 수호의 가족 (본문 p.63)

내 이름은 김수호이다. 17세이고 서울에서 산다. 나의 아빠는 51세이다. 고등학교에서 국어를 가르친다. 엄마는 아빠보다 세 살 아래다. 그녀는 집에서 바쁘지만 아무 일도 없을 때는 음악을 듣는다.
나에게는 누나가 한 명 있다. 그녀는 23세이고 병원에서 일한다. 그녀는 환자들을 돌보는데, 무척 친절해서 모두에게 사랑받는다.
형은 둘이다. 진호와 남호이다. 진호는 대학에 다닌다. 그는 의사가 되기 위해 아주 열심히 공부한다. 남호는 고등학생이다. 그는 나보다 한 살 위이다. 남호와 나는 학교 야구클럽 회원이다. 우리는 매일 방과 후에 야구를 한다.

14. 소 나누기 (본문 p.67)
옛날에 데빈 켄트라는 이름의 노인이 있었다. 데빈은 큰 농장에서 아들들과 살았다. 어느 날 그는 큰 병에 걸려 이제 곧 죽게 될 것을 알고 아들들을 방으로 불렀다.
"얘들아. 나는 이미 말들을 피트에게 1마리, 딕에게 4마리, 데이브에게 8마리를 주었다. 지금은 내가 갖고 있는 소의 1/2을 피트에게, 1/3을 딕에게, 1/9을 데이브에게 주려고 한다. 너희들이 소를 나누기 바란다. 어느 한 마리도 자르지는 말아라." 그가 말했다.
그 다음날 그는 죽었다.
이제 아들들은 17마리의 소를 가졌다. 소를 나누는 것이 얼마나 어려운가! 그들은 함께 생각하고 또 생각했지만 소를 나눌 수 없었다. 그래서 그들은 마을의 현자에게 가서 말했다.
"소를 어떻게 분배해야 할지 도무지 모르겠어요. 제발 도와주세요."
"너희 아빠는 나에게 아주 친절했단다. 나에게 소가 두 마리 있는데 그들 가운데 한 마리를 너희에게 주마."
아들들은 현자에게 감사하고 소를 집으로 데리고 왔다. 이제 소가 18마리가 되어서 소를 나눌 수 있게 되었다. 피트는 9마리, 딕은 6마리, 데이브는 2마리를 가졌다. 그들이 소를 나누어 가진 뒤에도 아직 1마리가 더 남아 있어서 그들은 현자의 소를 돌려줄 수 있었다. 이런 방식으로 아무도 손해를 보지 않았다.

15. 자전거 타기 (본문 p.71)
준호는 수원시에 살고 있다. 그는 자전거 타는 것을 무척 좋아한다. 그는 수원사이클링 클럽의 회원이다. 토요일 오후마다 그는 친구들과 자전거를 타러 간다. 여름에는 작은 텐트와 요리용 스토브를 가지고 교외의 아름다운 장소에서 캠핑을 한다. 햇살이 비치고 따뜻할 때 캠핑하는 것은 정말 근사하다. 준호와 친구들은 작은 스토브 위에서 음식을 만들고, 불을 피우고, 불 주위에서 밤늦게까지 노래를 부른다. 그러고 나서 작은 텐트 속의 담요 아래로 들어가 잠을 잔다.
가끔 자전거 경주가 있는데 준호는 그것들을 보러 간다. 경주는 무척 재미있다. 때때로 준호의 큰형인 수호가 경주에 출전한다. 한번은 경주에서 이겨서 아름다운 은컵을 탔다. 준호는 무척 기뻤다.
준호는 내년 여름에 제주도로 자전거를 갖고 가고 싶다. 부산에서 제주도까지는 배로 갈 것이다.

16. 만화 (본문 p.75)
어제 켄트 부인이 우리 집에 와서 엄마에게 물었다.
"아이들에게 정말로 만화를 주세요? 놀랍군요. 아이들이 왜 만화를 좋아하는지 전 이해가 안 돼요."
엄마는 웃으며 말했다. "저도 이해는 안 돼요. 하지만 그들이 좋아한다는 것은 알죠."
톰과 나는 만화를 굉장히 좋아한다. 우리가 읽는 만화는 재미있다. 그 속에 나오는 사람들과 동물들은 멋지다. 만화는 마치 우주선 같다. 만화는 우리를 달로 데려가 준다. 우리는 도날드덕과 미키 마우스를 마치 우리 주위에 있는 사람처럼 생각한다. 우리는 다음에 어떻게 될지 전혀 알 수 없기 때문에 만화를 좋아한다.
어젯밤에 우리가 만화를 보고 있을 때 아빠가 들어왔다. 그는 만화책들을 보았다.
"너희들이 보고 싶어 하는 책들이 모두 만화니?" 그는 말했다.
"그렇진 않아요." 우리는 대답했다.
"너무 나쁘지 않다면 만화는 괜찮아. 좋은 만화를 보면 독서를 즐길 수 있게 될 거야." 아빠가 말했다.

아빠가 방에서 나가자 톰이 말했다.
"데빈, 난 이해가 안 돼. 만화를 봐도 된다는 거야, 안 된다는 거야?"
나는 그에게 미소를 지으며 말했다.
"대답은 둘 다야. 좋은 만화를 보는 건 괜찮아. 하지만 오직 만화만 보는 건 안 돼."

17. 어떤 할머니의 사진 (본문 p.79)
비가 내리는 일요일이었다. 택시 운전사인 데빈은 일이 거의 없었다. 오후가 되자 할머니 한 분이 강을 따라 걸어오고 있었다. 그녀는 데빈을 보고 말했다.
"택시! 파크극장까지 데려다 주겠수?"
"물론이죠. 걷기 좋은 날은 아니네요." 그가 말했다.
가는 도중에 할머니는 자기 남편에 대해 말하기 시작했다.
"내 남편은 음악을 좋아했어요. 그래서 우리는 일요일에 파크 극장의 연주회에 자주 갔었다우. 하지만 지난 9월에 그이는 죽었어요. 그래서 지금은 나 혼자라우."
그녀는 그녀와 남편이 찍힌 사진을 그에게 건네주었다. 그들은 자기 집 뜰에 서 있었다.
그날 저녁에 데빈은 택시를 청소하다가 뒷좌석에서 그 사진을 발견했다.
'이건 그분에게 틀림없이 중요한 것일 테니 그분을 찾아서 돌려줘야 해.' 하고 그는 생각했다. 하지만 사진에는 이름도 주소도 쓰여 있지 않았다. 거의 포기하려던 참에 갑자기 그는 사진 속에 다리가 있는 것을 발견했다. 그는 그 다리를 무척 잘 알고 있었다. 데빈은 차에 뛰어들어 출발했다.

18. 개집 만들기 (본문 p.83)
내 여동생 제인은 개를 무척 좋아한다. 그녀는 오랫동안 개를 갖고 싶어 했다. 어느 날, 아빠가 우리에게 말했다.

"다음 주에 김씨가 강아지를 주기로 했어. 3개월 된 강아지라더라. 제인, 그 강아지를 귀여워해 주겠니?"
제인은 무척 기뻐하며 말했다. "네, 그럴게요."
"이제 그 강아지를 위해 새 개집을 사야 해요." 내가 말했다.
하지만 아빠는 나에게 "아니야, 살 필요 없어. 우리가 만들 수 있잖니. 톰, 해보자."라고 말했다. 아빠는 물건을 직접 만드는 것을 좋아한다. 그는 언제나 뭔가를 만들고 싶어 한다.
다음 일요일에 아빠와 나는 큰 가게로 갔다. 가게에는 개집이 몇 개 있었다. 우리는 그것들을 주의 깊게 보았다. 그 다음에 우리는 새 개집을 만들 판자들과 페인트를 샀다.
집에 돌아오자마자 우리는 개집을 만들기 시작했다. 아빠와 함께 일하는 것은 아주 재미있었다. 몇 시간 뒤에 훌륭한 개집이 만들어졌다. 마침 그때 제인이 집에 돌아왔다. 그녀는 그것을 보고 말했다.
"고마워요. 아주 멋진 개집이네요! 내 새 개가 이걸 좋아하면 좋겠어요. 그런데, 내 새 개 이름이 아직 없네요. 뭐라고 부를까요?"

19. 비버 (본문 p.87)
캐나다에서는 숲에서 불이 자주 났다. 사람들은 숲의 화재를 막을 방법을 찾다가 한 가지 방법을 생각해 냈다. 그들은 그런 숲에 아주 많은 비버를 데려다 놓았다. 비버들은 그곳에서 작은 강들을 발견하고는 곧 나무를 잘라 댐을 만들기 시작했다. 댐은 강물을 막아 연못을 만들었다. 몇 년 지나지 않아 그 숲에는 많은 연못들이 생겼다. 그래서 그런 숲에서는 불이 일어나기 어려워졌다.
비버는 숲속에서 무척 열심히 일한다. 비버는 오직 작은 손과 크고 강한 앞니만 사용해서 댐과 집을 짓는다. 이 이빨로 비버는 나무를 잘라내어 작은 조각으로 토막을 낸다. 그는 이 조각들을 입과 손으로 강으로 운반한다. 때때로 그가 만드는 댐은 거의 200m나 되기도 한다.

비버는 주위에 물이 있는 집에서 살고 싶어 한다. 그래서 연못에다 집을 짓는다. 그는 오직 물 밑으로만 출입을 한다. 비버는 왜 그런 집에서 살고 싶어 할까? 다른 동물들이 들어와서 그를 잡기가 쉽지 않기 때문이다.

20. 바이킹 (본문 p.91)

올리버는 영국의 고등학생이다. 어느 날 그의 역사 선생인 미스 그린이 학생들에게 말했다.

"바이킹에 대해 들어 본 적이 있을 거야. 다음 주에 우리는 그들의 역사에 대해 공부할 거니까 집에서 그들에 관한 책을 몇 권 읽어오기 바란다."

올리버는 아빠가 아이슬란드 여행에 대해 이야기해 주었을 때, 바이킹의 역사에 대해 무척 흥미를 느꼈다. 아이슬란드는 바이킹이 정착했던 나라이다.

학교에서 집으로 돌아오는 길에 올리버는 바이킹에 관한 책을 찾아보려고 시립도서관에 갔다. 사서는 무척 친절하게 그를 역사와 여행 코너로 데려갔다. 올리버는 거기서 흥미 있는 책을 두 권 찾았다. 그것은 '바이킹의 역사'와 '아이슬란드의 과거와 현재'였다. 그는 어느 것을 읽을지 결정하지 못했다. 그러자 사서는 두 권 다 가져가라면서 그에게 말했다.

"한 번에 6권을 빌릴 수 있고 두 주 동안 갖고 있을 수 있어요."

그는 그 두 권을 집으로 가져 왔다. 올리버는 그것들을 3일만에 다 읽었다. 그 책에서 바이킹에 대한 몇 가지 재미있는 것을 배웠다. 그들은 그 당시에 가장 빠른 훌륭한 배들을 가지고 있었다. 그들은 유럽해안을 따라 여기저기 항해했다. 서쪽으로 항해하여 콜럼버스보다 500년 정도 먼저 아메리카를 발견한 사람들도 있었다.

21. 앨버트 슈바이처 (본문 p.95)

앨버트가 아직 어린 소년이었을 때, 어느 날, 그의 친구가 그에게 말했다.

"새 사냥하러 언덕에 가자."

앨버트는 가고 싶지 않았지만 그 친구와 같이 갔다. 가지 않으면 그가 비웃으리라는 것을 그는 알고 있었다. 친구가 새총으로 나무에 있는 새를 쏘려고 하자, 앨버트가 갑자기 소리를 질렀다.

"조용히 해." 친구가 말했다.

새는 놀라서 멀리 날아가 버렸다. 앨버트는 왜 소리를 질렀을까? 당신은 알겠는가?

그는 서른 살이 되었을 때, 의사가 되기 위해 공부하기 시작했다. 가난하고 병든 아프리카 사람들을 돕고 싶었던 것이다. 1913년에 그는 아프리카의 람바레네로 갔다. 그곳 사람들은 그에 대해 듣자마자 도움을 받으러 오기 시작했다. 그는 무척 바빴다. 그는 도움을 필요로 하는 점점 더 많은 사람들을 돌보아만 했다. 그는 그들을 위해 할 수 있는 모든 일을 했다. 그들은 도움에 대해 대가를 지불할 필요가 없었다. 그들은 무척 기뻤고 그를 잊지 않았다.

1952년 노벨 평화상은 앨버트 슈바이처에게 주어졌다. 그의 생애는 많은 중요한 것들을 우리에게 말해준다. 젊을 때 자신의 일생에 관해 생각해 보라. 행복하지 않은 사람들을 위해 당신이 할 수 있는 일은 아직도 많이 있다.

22. 여가 (본문 p.99)

당신은 공부하는 것과 노는 것 가운데 어느 것을 더 좋아하는가? 당신은 아주 열심히 공부해야 한다. 하지만 놀 시간도 역시 필요하다. 공부를 하지 않을 때 당신은 무엇을 하는가? 나는 당신이 여러 가지 일을 즐길 수 있다고 생각한다.

우리는 옛날만큼 오랫동안 일할 필요가 없다. 기계가 우리 대신 많은 일을 해 주기 때문이다. 우리는 더 많은 여가를 가질 수 있다. 그러나 여가를 어떻게 사용하는지 모르는 사람들도 있다. 여가를 잘 사용하기만 하면 우리는 인생을 더 많이 즐길 수 있다. 우리는 취미를 가질 수 있다.

나에게는 브라운이라는 이름의 친구가 있다. 그는 장미에 관심을 갖고 있다. 그는 30년이나 장미를 키웠다. 그는 매일 가게에서 열심히 일한다. 때때로 일이 끝난 후에 그는 지치기도 한다. 그런 날에는 집에 돌아오자마자 장미를 보러 정원으로 나간다. 장미에게 말을 걸 때 그는 무척 행복해진다. 해마다 그의 정원에는 많은 장미가 핀다. 그가 만나는 사람들은 종종 이렇게 말한다.

"당신이 키우는 장미들은 어쩌면 이렇게 아름다울 수가 있어요! 어떻게 하면 이렇게 아름다운 장미를 키울 수 있는지 알고 싶어요."

이런 말을 들을 때 그는 얼마나 기쁠까!

나는 젊을 때 취미를 갖는 것이 아주 중요하다고 생각한다.

23. 호랑이인가, 통치자인가? (본문 p.103)

기원전 500년경, 중국에는 공자라는 유명한 철학자가 살고 있었다. 그는 평범하지 않은 다른 사람이나 사물을 접할 때마다 그것에서 교훈을 얻었다.

예를 들면, 어느 날 그는 길가 무덤 위에 엎드려 통곡하고 있는 한 부인에게 말을 걸기 위해 멈춰 섰다.

"무슨 일입니까?" 그는 그녀에게 부드럽게 물었다.

"몇 년 전에 제 남편이 여기에서 호랑이한테 물려 죽었어요. 지금은 갈기갈기 찢어진 아들의 몸을 막 묻었답니다." 그녀가 대답했다.

"호랑이가 생명을 그렇게 위태롭게 하는데 그대는 왜 이곳에 머무는 거요?" 공자가 물었다.

"왜냐하면 이곳의 통치자는 대부분의 다른 통치자들에 비해 덜 가혹하기 때문입니다." 그녀가 대답했다.

공자의 마음은 재빨리 움직였다. 그는 두 사람의 이야기를 듣고 있던 군중들을 향해 돌아서서 말했다.

"이 일을 명심하십시오! 나쁜 통치자는 그 가혹함에 있어서 호랑이보다 더 두려운 것입니다!"

공자는 사람들에게 좋은 통치자를 데려다 주려고 무척 열심이었다. 왜냐하면 나쁘고 이기적인 통치자 밑에서 보통사람들이 얼마나 비참한가를 잘 알고 있었기 때문이었다.

24. 옛 사진 (본문 p.107)

마크와 존은 사이좋은 친구이다. 어느 날 마크는 존의 집으로 초대 받았다.

그들이 이야기를 하고 있을 때, 존의 아빠가 들어와서 마크에게 옛 사진을 보여 주며 말했다.

"이 소년들이 누군지 알겠니?"

사진 속에서 두 소년은 공원을 달리고 있었다.

"아, 이 사람은 우리 아빠예요." 마크가 말했다. 자기 아빠를 사진에서 찾아내는 일은 쉬웠다.

존의 아빠는 미소를 지으며 말했.

"다른 소년은 누군지 알겠니?"

"글쎄요. 잠깐만요." 마크가 말했다. 존은 아무 말 없이 그들을 보고 있었다.

"이 소년은 아저씨라고 생각해요. 왜냐하면 존과 비슷하거든요." 마침내 마크가 말했다.

존의 아빠는 다시 웃으며 말했다.

"맞아. 내가 학생이었을 때 네 아빠와 종종 달리기를 즐겼지. 우리는 둘 다 달리기를 아주 잘했어. 그것에 대해서는 내 아들에게도 오늘 아침에 처음 말하는 거야."

두 소년은 자기들의 아빠도 좋은 친구 사이였다는 것

을 알고는 지금 매우 기뻐하고 있다.

Final Test 1 (본문 p.111)

많은 사람들이 알라딘과 이상한 램프 이야기를 알고 있다. 그것은 아주 오래된 이야기이다. 그 이야기를 누가 처음 했는지 아무도 모른다. 그 이야기는 이렇게 시작된다.

옛날에 알라딘은 중국에 살고 있었다. 그와 그의 엄마는 무척 가난했기 때문에 작은 집에서 살았다. 매일 알라딘은 다른 소년들과 거리에서 놀았다. 그는 게을렀고 일을 하지 않았다. 어느 날 알라딘이 길에서 놀고 있는데, 한 남자가 다가와서 물었다. "너는 누구니?"

"저는 알라딘이에요." 소년이 대답했다.

"나는 너의 삼촌이란다." 남자가 말했다.

그것은 사실이 아니었다. 그는 알라딘의 삼촌이 아니었다. 그는 나쁜 사람이었다. 알라딘은 그 남자를 집으로 데려가서 엄마에게 말했다.

"엄마. 삼촌이 아프리카에서 오셨어요."

알라딘의 엄마가 음식을 내왔고 모두 함께 저녁을 먹었다.

"알라딘, 너에게 근사한 옷을 몇 벌 사주마." 그가 말했다.

알라딘과 엄마는 무척 기뻤다. 다음날 알라딘과 남자는 시장에 갔다.

남자가 알라딘에게 근사한 옷을 사주었다. 알라딘은 무척 기뻤다. 그들은 오래 산책을 했다. 그들은 돌투성이 길을 따라 걸었다. 알라딘은 피곤하고 더웠다. 조금 뒤에 그들은 산기슭에 닿았다.

"여기서 멈추자. 너는 가서 나무를 좀 모아다가 불을 피워라." 그가 말했다.

알라딘은 나무를 모아서 큰 불을 피웠다. 남자는 불 속에 뭔가를 던져 넣고는 주문을 외웠다. 땅이 흔들리더니 엄청난 소리와 함께 연기가 났다. 알라딘은 그 소리와 연기에 깜짝 놀랐다. 갑자기 땅에 굴이 생겼다. 그 굴의 밑바닥에는 큰 돌이 있었다.

"저 바위 아래에 램프가 있으니 내려가서 갖고 와. 내 반지를 껴. 이걸 끼면 넌 안전하단다."

알라딘은 남자의 반지를 끼고 굴속으로 들어갔다. 바위를 들어 올리니 계단이 보였다. 알라딘은 계단을 내려갔다. 그는 아름다운 정원에 닿았다. 정원에는 보석으로 뒤덮인 수많은 나무들이 있었다. 빨강, 파랑, 녹색, 노랑, 백색의 보석들이 있었다. 그것들은 모두 무척 컸고 햇빛 속에서 눈부시게 빛나고 있었다. 정원이 끝나는 곳에는 벽이 있었다.

벽 위에 램프가 있었다. 알라딘은 사다리를 올라가서 램프를 집어 들고 내려왔다. 그는 램프를 셔츠 안쪽에 넣고 나서 정원의 나무에 걸린 수많은 보석들을 주머니에 넣었다. 그리고 더 많은 보석을 셔츠 안쪽의 램프 위에 집어넣었다. 그러고 나서 그는 남자에게로 서둘러 돌아갔다.

보석이 너무 무거웠기 때문에 알라딘은 계단을 오를 수가 없었다. 남자는 램프를 요구했다. 그것은 보석 밑에 있었기 때문에 알라딘은 손이 닿지 않았다. 남자는 램프를 원했기 때문에 무척 화가 났다. 그는 알라딘을 도와주지 않았다. 그가 주문을 외우자 돌이 내려와 알라딘을 굴에 가두었다. 알라딘은 어둠 속에 혼자 남았다. 그는 너무나 무서워서 도와달라고 울부짖었지만 아무도 듣지 못했다. 그는 울며 손을 비볐다. 그는 손가락의 반지를 비볐다. 갑자기 큰 요정이 나타났다.

"누구세요?" 알라딘이 외쳤다.

"그 반지는 요술 반지이고 나는 그 반지의 노예입니다. 무엇을 바라시나요?" 요정이 대답했다.

"여기에서 나가고 싶어요." 알라딘이 말했다.

"알겠습니다." 요정이 대답했다.

갑자기 땅이 열렸다. 알라딘은 다시 태양이 있는 바깥으로 나왔다. 그는 너무나 기뻐서 얼른 엄마가 있는 집으로 뛰어갔다.

LEVEL 2

01. 열쇠가 있는 곳 (본문 p.121)

오후 5시쯤이었다. 그때 나는 아직 사무실에서 일하고 있었다. 에즈라는 옛 친구가 공항에서 전화했다. 그는 미국의 고등학교 불어 선생이다.
"방금 한국에 도착했어. 지금 당장 만날 수 있을까?" 그가 말했다.
"글쎄, 지금은 바빠서 만날 수 없어. 우리 집에 가서 기다릴래? 곧 돌아갈게." 내가 말했다.
"너네 집에 어떻게 가는지 몰라." 그가 말했다.
"두 달 전에 내가 보낸 지도 갖고 있을 거야. 그 지도를 보면 우리 집을 쉽게 찾을 수 있어. 열쇠는 문 왼쪽에 있는 돌 아래에 뒀어." 내가 말했다. 그러고 나서 나는 그에게 부엌에 들어가서 먹을 거나 마실 것을 찾아보라고 말했다.
1시간 뒤에 에즈라는 집에서 다시 전화했다.
"저녁 먹고 나서 지금은 네 레코드를 몇 개 들으면서 즐기고 있어. 테이블 위에 재미있는 책이 있기에 이제 그걸 읽으려고 해." 그가 말했다.
나는 약간 이상하다고 느꼈다.
"우리 집을 쉽게 찾았어?" 나는 물었다.
"응. 열쇠는 못 찾았는데 운 좋게도 사과나무 바로 옆에 있는 거실 창문이 열려 있어서 그리로 들어 왔어." 그가 대답했다.
나는 깜짝 놀랐다. 사과나무는 내 거실 옆이 아니라 옆집 거실 옆에 있었던 것이다.

02. 이탈리아에서의 방학 (본문 p.125)

나의 사촌 잭은 대학생이다. 작년 여름에 그는 이탈리아에 가서 2개월 동안 머물렀다. 그가 돈을 거의 전혀 갖고 있지 않았기 때문에 나는 그가 그렇게 긴 휴가를 가질 수 있었다는 것에 깜짝 놀랐다.
"어떻게 그렇게 한 거야, 잭? 나는 겨우 2주 정도 있을 거라고 생각했는데." 내가 물었다.
"쉬웠어. 일자리를 얻었거든." 잭이 대답했다.
"일이라고! 무슨 일을 했는데?" 나는 외쳤다.
"빵가게 주인에게 영어를 가르쳐 줬어. 그의 이름은 알렉이야. 우리는 좋은 친구가 되었어." 그가 대답했다.
"하지만 너는 선생이 아니잖아." 내가 말했다.
"나는 그에게 가르칠 수 없다고 말했지. 하지만 그는 회화연습을 하고 싶다고 말했어. 영어를 연습하고 싶다는 거야. 많은 미국인들이 빵을 사러 오거든. 그들에게 영어로 말하는 것이 그에게는 중요한 거지. 하루에 두 시간씩 그와 이야기를 하면서 보냈어. 그 대신에 그는 나에게 방 하나와 세끼 식사와 용돈을 약간 주었어." 그가 말했다.
"네 학생은 영어를 많이 배웠니?" 나는 물었다.
"모르겠어. 하지만 나는 이탈리아어를 많이 배웠어." 그가 말했다.

03. 최초의 여의사 (본문 p.129)

엘리자베스 블랙웰은 미국에서 여성 최초로 의사가 된 사람이었다. 블랙웰이 의사가 되고 싶다고 말했을 때 사람들은 여자는 의사가 될 수 없다고 생각했다. 하지만 블랙웰은 포기하지 않았다. 그녀는 미국에 있는 모든 학교에 편지를 썼다. 하지만 어느 학교에서도 답장을 보내주지 않았다.
2, 3년 뒤에 의사를 양성하는 작은 학교에서 블랙웰에게 편지를 보냈다. 그 학교의 선생들은 의사가 되기

를 원하는 이 숙녀를 만나고 싶어 했다. 하지만 교사들은 블랙웰이 의사가 되기 전에 포기할 것이라고 생각했다.

학교에 와서 그녀는 정말로 공부하고 싶다는 것을 보여 주었다. 그녀는 반에서 훌륭한 학생이었고, 정말로 의사가 되었다.

닥터 블랙웰은 병원에서 일자리를 얻으려고 했지만 아무도 여자 의사를 원하지 않았다. 닥터 블랙웰은 다른 나라에서는 여자도 의사가 될 수 있다는 것을 알고 다른 나라로 일하러 갔다.

미국에 돌아왔을 때에도 닥터 블랙웰은 여전히 일자리를 얻을 수 없었다. 그래서 닥터 블랙웰은 뉴욕에서 가난한 여성들과 아이들을 위해 자신의 병원을 시작했다. 그녀는 병원에서 많은 사람들을 도와주었다. 사람들은 오늘날에도 여전히 그 병원을 이용하고 있다.

04. 그린필드행 버스 (본문 p.133)

"그린필드행 버스는 얼마나 자주 여기에 섭니까?" 스미스 씨가 버스 검표원에게 물었다.

"그린필드행 버스는 여기에 서지 않아요." 검표원이 말했다.

"한 2개월쯤 전에 여기에서 버스를 탔었는데요." 스미스 씨가 말했다.

"그 때 – 지난 2주 이내 – 이후로 버스 정류장이 옮겨졌어요."

"이유가 뭔데요." 승객이 물었다.

"어, 보시다시피 이 도로는 무척 좁아요. 버스가 다니기에는 너무 좁지요. 곧 도로를 넓힐 예정이에요." 검표원이 설명했다.

"어디에서 그린필드행 버스를 탈 수 있나요?"

"(길을) 건너서 시청까지 걸어가세요. 새 버스 정류장은 거기에 있어요." 검표원이 대답했다.

"다음 버스를 타기에 시간이 충분합니까?"

"아니에요. 손님. 서두르셔야 해요. 버스는 3분 후에 출발할 거예요."

"감사합니다."

"좋은 하루 보내세요. 손님." 검표원이 말했다.

05. 벌새 (본문 p.137)

세계에서 가장 작은 새는 무엇일까? 여러분은 그 새를 아는가? 그것은 벌새이다.

대부분의 벌새는 약 3 ~ 4인치 정도이다. 새끼 벌새는 겨우 큰 벌 정도의 크기이다. 벌새는 300여종의 종류가 있다. 이 작은 새들은 대부분 날개로 윙윙 소리를 내는데, 그 이름도 이런 소리에서 유래한다. 벌새의 날개는 너무 빨리 움직여서 날개를 확실히 볼 수가 없다.

먼 곳에 가는 것이 이 작은 새에게 어려울까? 그렇지 않다. 수천마일을 날아가는 종류도 있다. 가을에는 남쪽으로 가고 봄에는 북쪽으로 간다.

여러분은 이렇게 작은 새는 큰 새를 무서워할 거라고 생각할지도 모른다. 하지만 그렇지 않다.

벌새는 아주 작지만 용감하다. 때로는 독수리조차 벌새한테서 도망쳐 날아간다.

벌새는 하얀 알을 두 개 낳는다. 새끼 새들은 2주일 후에 부화된다. 약 3주일 후에 새끼들은 둥지를 떠난다. 어린 새들은 둥지에서 떨어지지 않고 날아가 버린다.

벌새는 또 가장 아름다운 새들 가운데 하나로, 너무 아름다워서 때로는 '날아다니는 꽃'이라고 불리기도 한다.

06. 대청소 운동 (본문 p.141)

이것은 1909년, 게이트 거리의 이야기이다.

봄이 왔지만 게이트 거리는 아름다워지지 않았다. 그곳의 대부분의 가정들은 깨끗해지는 것을 바라지 않았다.
게이트 거리에 사는 작은 소녀가 학교에 왔다. 그 소녀는 언제나 같은 옷을 입고 있었다. 그것은 깨끗하지 않았다. 소녀의 얼굴도 깨끗하지 않았다. 하지만 그녀는 무척 훌륭한 소녀였다. 학교에서 언제나 열심히 공부했고 언제나 다른 사람들에게 친절했다.
어느 날 선생님이 소녀에게 말했다.
"메리, 내일 아침에 학교에 오기 전에 얼굴 좀 씻고 올래?"
다음날 아침, 소녀의 얼굴과 머리는 깨끗하고 예뻤다. 하지만 똑같은 낡은 옷을 입고 있었다. 선생님은 그녀의 집이 무척 가난해서 옷을 사줄 수 없는 거라고 생각했다. 그래서 선생님은 그녀에게 파란색 새 옷을 주었다. 소녀는 무척 기뻐하며 집으로 뛰어 돌아갔다.
다음날 아침에 소녀는 파란색 새 옷을 입고 학교에 왔다. 소녀는 무척 깨끗하고 예쁘게 보였다. 소녀가 선생님에게 말했다. "어제 저녁에 엄마는 새 옷을 입은 제 모습이 너무 예뻐서 깜짝 놀랐어요. 아빠는 집에 안 계셨지만 오늘 저녁 식사 시간에 보게 될 거예요."
아빠는 소녀를 보고 정말 깜짝 놀랐다. 자기 딸이 무척 예쁘다는 것을 알았기 때문이다.
"깨끗하고 예쁜 것은 좋은 거구나. 우리 주위의 모든 것을 깨끗하게 하자." 엄마가 말했다.
저녁식사 후에 엄마는 부엌을 청소하기 시작했다. 그 다음날, 아빠는 가족들과 정원을 만들기 시작했다. 옆집 사람이 그들을 보고는 자기 집에 페인트칠을 하기 시작했다.
며칠 뒤에는 모든 이웃 사람들이 멋진 집을 만들기 위해 일을 시작했다. 몇 개월이 지나자 게이트 거리는 수많은 꽃들과 아름다운 집들이 있는 멋진 거리가 되었다.
다른 도시의 사람들이 게이트 거리의 이야기를 듣고 "대청소운동"을 시작했다.

07. 우리의 새 아기들 (본문 p.147)

새해 아침에 밀러 부인은 아이들 방에 들어와서 말했다. "일어나, 프랭크, 켄. 틸리가 너희에게 보여 줄 게 있대. 오늘 아침에 강아지 5마리를 낳았거든."
"강아지 5마리!" 소년들은 외쳤다. 프랭크와 켄은 그때까지 모르고 있었다. 그들은 무척 기뻤다.
그들은 개집으로 달려갔다. 곧 그들은 틸리의 새 가족을 보고 있었다.
"프랭크, 이거 봐. 작고 빨간 강아지들이야. 우리가 몇 마리를 기를 수 있을까?" 켄이 외쳤다.
"엄마와 아빠는 어떤 강아지도 기를 수 없다고 하셨어. 6주가 되면 강아지 전부 집을 찾아야 해." 프랭크가 말했다.
"하지만 우리 친구들은 모두 이미 애완동물을 기르고 있잖아." 켄이 말했다.
그러자 프랭크가 말했다.
"좋은 생각이 있어. ABC TV가 새해에 태어난 아기들의 아빠들을 방송국에 초대한대. 신문에서 봤는데 아기 종류에 대해서는 아무 말도 없었어. TV에서 강아지에 대해 말하면 그들의 집을 찾을 수 있을 거야. TV 방송국에 편지를 쓰겠어."
이틀 뒤에 프랭크는 토요일 오후 2시에 TV방송국으로 와 달라는 편지를 받았다. 그는 몇 번이나 읽고 또 읽었다.
두 소년이 TV방송국에 도착했을 때, 이미 8명의 아빠들이 프로그램이 시작되기를 기다리고 있었다. 키가 큰 남자가 다가와 프랭크와 켄에게 말했다. "나는 ABC TV의 캐이시야. 여기 앉아."
곧 TV프로그램이 시작되었다. 한 사람씩 자기의 새 가족에 대해 이야기했다. 그리고 소년들의 차례가 되었다.
"자, 이제 두 소년이 새해에 태어난 새 아기들에 대해 이야기하기 위해 여기에 와 있습니다." 캐이시가 말했다.
8명의 아빠들은 무척 놀랐다.
"네, 아기가 다섯입니다! 아이들은 틸리라는 개를 갖고 있는데 새해에 강아지를 5마리 낳았답니다. 얘들아, 우리에게 강아지에 대해 더 말해 주겠니?" 캐이시가 말했다.
"네, 개집에 5마리가 있어요. 하얀 다리를 갖고 있는 붉은 강아지들인데, 수컷 3마리, 암컷 2마리예요. 우리는 기를 수가 없어요. 그래서 누군가 강아지를 위한 집을 갖고 있다면 우리는 무척 기쁠 거예요." 프랭크가 말했다.
아빠들은 서로 얼굴을 바라보았다. 그때 한 아빠가 말했다.
"제가 숫놈을 하나 데려갈게요."
"전 암놈 하나 부탁해요." 다른 아빠가 말했다.
곧 5마리 모두 그 아빠들에 의해 집이 주어졌다.
"자, 여러분. 강아지 모두 새 집을 갖게 되었습니다. 그러니 여러분들은 TV방송국으로 강아지에 대해 편지를 보내지 말아주세요." 캐이시가 말했다. 아이들은 무척 기뻤다.

08. 잔디 깎기 (본문 p.153)

어느 여름 오후였다. 로이와 그의 친구 잭은 야구를 하고 싶었지만 배트도 볼도 없었다.
"아빠는 자주 야구를 하셨어. 집에 배트와 볼이 있어. 찾으러 가자." 로이가 말했다.
그들은 함께 로이의 집으로 달려갔다.
"아빠의 배트와 볼을 써도 돼요?" 로이가 엄마에게 물었다.
"그럼! 저기 상자 속에 있어."
거기에는 글러브도 하나 있었다.
그들은 마당으로 배트와 볼과 글러브를 갖고 갔다. 잭은 커다란 글러브를 껴 보았지만 그의 손은 너무 작았다. 때때로 글러브가 땅에 떨어졌다. 로이는 커다란 배트를 잡고 있었다. 그는 그것으로 볼을 잘 칠 수 없었지만 마침내 볼을 쳤다. 볼은 마당을 가로질러 갔다.
"내가 홈런을 쳤어." 그가 말했다.
그리고 나서 잭이 배트를 잡고 로이는 볼을 잡았다.
"이거 쳐봐." 로이가 말했다.
잭은 그 볼을 치려고 했지만 공은 그의 머리를 넘어서 옆집 화이트 씨의 창문을 깨고 말았다.
바로 그때 화이트 씨가 나왔다.
"죄송해요. 우리 공이 창문을 쳐서 유리가 깨졌어요. 유리 값을 물어 드릴게요." 잭이 말했다.
"하지만 우린 돈이 전혀 없는데 어떡하죠?" 로이가 물었다.
"우리 마당의 잔디를 깎아. 아마 하루에 1시간씩 일하면 될 거야. 5일 동안 일하면 너희에게 각각 10달러씩 주마. 그러면 너희들은 나에게 물어줄 수 있을 게다." 화이트 씨가 말했다.
"좋아요. 지금 시작해요." 잭이 말했다.
잔디를 깎는 것은 무척 재미있어서 한 시간은 아주 빨리 지나갔다. 얼마 지나지 않아 로이의 아빠가 집으로 돌아오고 있었다.
"아빠의 배트와 볼과 글러브로 야구를 하다가 화이트 씨의 창문을 깼어요." 그들이 말했다.
"너희들은 하드볼을 사용하면 안 돼. 소프트볼을 써야지. 그리고 더 작은 배트와 더 작은 글러브를 써야 해." 로이의 아빠가 말했다.
"우린 그런 걸 살 돈이 없어요." 로이가 말했다.
"음, 화이트 씨네 잔디를 깎는 일을 끝내고 나서 날마다 한 시간씩 우리 마당에서 일해. 1주일 동안 일하고 나면 배트와 볼과 글러브를 얻게 될 거야." 로이의 아빠가 말했다.
"좋아요." 소년들은 말했다.

그래서 다음 주 일찍 로이와 잭은 로이의 아빠를 위해 일을 시작했다.
"이 일은 재미있어." 잭이 말했다.
"그래, 그리고 곧 우리는 배트와 볼과 글러브를 갖게 될 거야." 로이가 말했다.

09. 양들이 기다리고 있어요 (본문 p.159)
어느 날 어떤 소년이 산 근처에서 양을 지키고 있을 때, 한 노인이 산에서 내려와서 물었다.
"얘야, 시내까지 가는데 얼마나 걸리니?"
"1시간 걸려요." 소년이 대답했다.
"얘야, 나는 길을 잃었어. 그리고 오늘 아침부터 아무 것도 못 먹었단다. 양들은 여기에 두고 나에게 길을 가르쳐 줄래? 돈을 많이 주마. 많은 돈을 갖는 것은 너에게 좋을 거야."
"죄송하지만 안돼요. 양이 한 마리라도 달아나면 주인이 꾸짖을 거예요. 제가 훔쳤다고 생각할지도 몰라요." 소년이 말했다.
"음. 그러면 가서 안내할 사람을 데려올래? 내가 양을 지키고 있을게." 그 사람이 말했다.
하지만 소년은 그러겠다고 말하지 않았다.
"양들은 할아버지의 목소리를 모르고, 그리고…" 소년이 말했다.
"그리고 뭐? 나를 못 믿는 거니? 내가 나쁜 사람 같아?" 그가 물었다.
"아, 그렇게 생각하지는 않아요. 하지만 할아버지는 저에게 주인과 한 약속을 깨뜨리라고 말씀하시는 거잖아요." 소년이 대답했다.
"네가 정직한 소년이라는 것을 이제 알겠구나. 널 잊지 않으마. 네 도움 없이 길을 찾아볼게." 그가 말했다.
그러자 소년은 그 사람에게 자기의 점심을 주었다. 그가 먹고 있을 때 몇 명의 사람들이 산에서 내려왔다. 그들은 그의 친구들이었다. 소년은 그가 시내에서 가장 부자라는 것을 알게 되었다.
그 부자는 소년이 무척 마음에 들었다. 며칠뒤에 그는 소년을 불렀다. 소년이 집에 도착하자 그가 말했다. "나는 네가 정직한 소년이라는 것을 알아. 나는 네가 나와 함께 살았으면 좋겠구나. 네게 필요한 모든 것을 내가 다 해주마!"
"정말 친절하신 말씀이세요. 하지만 전 집에 가야 해요. 저의 주인에게는 양을 돌볼 다른 소년을 찾는 것이 쉽지 않을 거예요. 그리고 양들도 절 기다리고 있어요." 소년이 대답했다.

10. 최고의 경기 (본문 p.165)
팍스 씨는 신중하게 편지를 뜯었다. 5파운드짜리 지폐가 바닥에 떨어졌다. 그는 그것을 내려다보고는 그대로 내버려 두었다. 팍스 씨는 냉정한 사람이었다. 그 편지는 스코틀랜드에 있는 남동생에게서 온 것이었다.
'에이브에게. 나는 이번 주 금요일에 런던에 갈 수 없게 됐어. 미안해. 토요일 경기를 볼 수 없게 되는 것은 더 유감이야. 올해 최고의 축구 경기인데 말이야! 그래서 금요일 밤에 형을 만나지 못할 거야. 하지만 고마워 해. 이 5파운드짜리 지폐는 경기에 들어가기 위한 것이었으니, 형이 가는 게 어때? 형이 그다지 외출하지 않는 것은 알고 있어. 하지만 나는 형에게 뭔가 좀 귀찮게 굴고 싶거든. 경기를 보러 가. 굉장한 축구 경기가 될 거야. 우리 팀의 셔츠는 파란색과 하얀색이란 걸 기억해. 그리고 즐겁게 지내. 동생 퍼시.'
5파운드는 꽤 큰돈이었다. 팍스 씨는 생각했다.
'축구경기를 보려고 그 돈을 쓸 수 없어. 인생에는 즐거운 시간보다 더 중요한 것이 있어. 이 돈을 갖고 있다가 뭔가를 살까? 아니야, 그것은 좋지 않아. 다른 사람들은 음식과 같은 중요한 것을 사기 위해 돈이 필

요해.'
혼자 사는 옆집 할머니는 돈이 거의 없었다. 그는 그녀에게 5파운드짜리 지폐를 가지고 갔다.
"뭐든 아무 거나 사세요." 그가 말했다.
"하지만 난 당신한테 5파운드를 받을 수 없어요." 그녀가 말했다.
"아니, 괜찮아요. 도움이 될 거라고 생각합니다." 그가 말했다. 그날 밤 에이브 팍스는 잘 잤다.
그가 그녀를 다시 만난 것은 토요일 오후 늦게였다. 그는 그녀가 밖에 와 있는 것을 듣고 문을 열었다. 그녀는 즉시 들어왔다. 그녀의 얼굴은 행복했고 두 눈은 빛났다.
"고마워요! 팍스 씨, 당신에게 정말 감사해요. 일생에서 가장 행복한 날이었어요. 그 모든 것이 다 당신 덕분이에요."
"네?"
"지금까지 가장 훌륭한 경기였어요. 게다가 상대팀이 졌거든요."
파랗고 하얀 새 옷을 입은 그녀는 마치 예쁜 새 – 행복하고 예쁜 새 같았다.

11. 에베레스트산 (본문 p.171)

에베레스트 산의 사진을 본 적이 있는가? 아마 있을 것이다. 그 산의 높이는 29,002피트이다. 19세기에 사람들은 이 산이 세계에서 가장 높다는 것을 알았다. 달과 다른 별로 날아가고 싶어 하는 오늘날의 어린 아이들처럼 사람들은 세계에서 가장 높은 산 위에 서 보고 싶었다.
1921년에서 1952년 사이에 많은 사람들이 에베레스트 산의 정상에 도달하려고 노력했지만 그들이 도달할 수 있는 최고 지점은 약 28,000피트의 높이였다.
정상으로 가는 길은 어째서 그렇게 멀고 힘든 것인가?
에베레스트 산 위에서는 바람이 너무 강해서 사람은 서 있기도 어렵다. 눈이 많고 공기는 희박하다. 때로는 너무 추워서 밤에 잘 수도 없다.
힐러리는 에베레스트 산 정상에 서는 최초의 사람이 되고 싶어 했던 사람들 가운데 하나였다. 그는 에베레스트 산에 대해 많은 것들을 연구했다. 그리고 산을 오르기 위해 할 수 있는 모든 것을 했다. 그는 한 사람에게 같이 그 산을 오르자고 요청했다. 그의 이름은 텐징이었다. 그는 그 산을 무척 잘 알고 있었다.
힐러리 팀은 1953년 3월 10일에 출발했다. 에베레스트 산을 오르는 것은 정말로 어려웠다. 희박한 대기 속에서 대부분의 사람들은 병들고, 먹을 수도 잘 수도 없었다. 하지만 그들은 포기하지 않았다. 정상으로 가는 도중에 9개의 캠프를 쳤다. 힐러리와 텐징은 제9 캠프에서 하룻밤을 머물렀다.
5월 29일 아침 6시 30분에 두 사람은 정상을 향해 출발했다. 바람은 나쁘지 않았다. 천천히 그리고 조심스럽게 그들은 올라갔다. 11시 30분에 그들은 세계에서 가장 높은 곳에 섰다. 그들은 다른 많은 산들의 아름다운 정상을 볼 수 있었다. 태양이 파란 하늘에서 빛나고 있었다.
함께 일하고 서로 도우면 위대한 일이 이루어질 수 있는 것이다. 21세기에 우리는 무엇을 할 수 있을까?

12. 콜럼버스와 달 (본문 p.177)

태양은 별이다. 그것은 다른 어느 별보다 크게 보인다. 왜냐하면 그것은 우리 가까이에 있지만 다른 별들은 멀리 떨어져 있기 때문이다. 태양은 무척 뜨거워서 빛나는 것이지만, 달은 태양의 빛을 반사해서 빛나는 것이다. 그것은 마치 커다란 거울 같다. 지구도 역시 거울 같아서 태양의 빛을 반사한다.
때때로 지구는 태양과 달 사이로 이동한다. 그러면 지

구의 그림자가 달 위에 져서 태양의 빛이 달에 전혀 도달하지 못하게 되고, 달은 태양의 빛을 반사할 수 없기 때문에 어두워진다. 우리는 이것을 개기월식이라고 부른다.

태양이 낮 동안 어두워지는 일이 있을까? 달이 태양을 숨기면 그렇게 된다. 때로는 달이 태양 앞으로 나온다. 달이 천천히 태양을 가로지를 때 우리는 달의 가장자리를 볼 수 있다. 모든 것이 점점 어두워지고 결국에는 태양의 어느 부분도 볼 수 없게 된다. 달이 태양을 완전히 숨겨버리는 것이다. 그것이 개기일식이다. 때로는 태양의 일부분만 숨겨지기도 하는데 그것은 개기일식이 아니다. 그것은 부분일식이다.

크리스토퍼 콜럼버스와 개기월식에 관한 이야기가 있다. 한때 콜럼버스는 히스파니올라 섬에 머물고 있었다. 섬사람들은 매일 그에게 음식을 가져다주었지만, 어느 날 아무도 음식을 가져오지 않았다. 콜럼버스는 음식이 필요했기 때문에 사람들을 불러 모았다. 그는 사람들에게 말했다.

"하느님은 당신들에게 화가 나셨소. 신은 그 증거를 보여주기 위해 달을 감출 것이오."

그러면서 콜럼버스는 하늘을 가리켰고, 섬사람들은 위를 올려다보았다. 그들은 월식의 시작을 보았다. 달은 점점 더 어두워졌다. 그들은 두려워서 콜럼버스에게 도와달라고 부탁했다. 그는 그들을 떠나 배 안의 자기 방으로 갔다. 그는 거기에서 혼자 기다리다가 돌아왔다. 이제 그는 미소를 지으며 그들에게 말했다.

"슬퍼하지 마시오. 하느님이 당신들을 용서하였소."

그러면서 그는 달을 가리켰다. 월식이 끝나가고 있었다. 지구의 그림자가 걷히기 시작하고 있었다. 빛이 더 밝아졌다. 그러자 섬사람들은 모두 기뻐하며 음식을 가져오기로 약속했다. 그들은 콜럼버스가 너무 두려워서 음식을 가져오는 것을 절대로 멈추지 않았다.

13. 개구리의 일생 (본문 p.183)

개구리의 일생은 무척 흥미진진하다. 개구리는 한 번에 수천 개의 알을 낳는다. 알은 젤리 같은 것으로 싸여 있다. 한 마리의 올챙이는 하나의 알에서 부화된다. 올챙이는 아주 작은 물고기처럼 보이는데 자라면서 변한다. 몸이 더 커지면, 조금 뒤에 다리가 나타나고 꼬리가 사라진다. 아마 개구리가 되는 데는 2년이 걸릴지도 모르지만, 보통 올챙이들은 2~3개월 만에 변화한다.

개구리에는 많은 다른 종류가 있다. 자라서 1피트가 되는 것도 있고 1센트짜리 동전보다 작은 것도 있다. 어떤 개구리는 뭍에서도 살고 물에서도 산다. 어떤 개구리는 뭍에서만 살고 어떤 개구리는 물에서만 산다. 꼬리가 있는 것도 있지만 꼬리가 없는 것이 많다.

개구리는 여러 가지 면에서 별다르다. 개구리는 점프하기 위해 큰 뒷다리를 사용한다. 미국개구리는 한 번에 3피트를 뛸 수 없지만 큰황소개구리는 6피트(1m80cm)나 뛸 수 있다. 개구리의 혀는 아주 끈적끈적해서 곤충을 잡을 수 있다. 개구리는 몸에 독을 갖고 있어서 적으로부터 몸을 보호한다.

개구리는 여러 가지 유용한 목적에 쓰인다. 그들은 곤충을 먹는다. 또한 식용으로도 쓰인다. 많은 사람들, 특히 프랑스인들은 개구리를 즐겨 먹는다. 개구리는 학교에 팔려서 학생들은 개구리의 몸을 연구한다.

Final Test 2 (본문 p.188)

그리스의 과학자 아르키메데스는 2000여년이나 전에 살았다. 당시에 그는 시칠리아에서 가장 현명한 사람이었다. 그는 그 섬의 시라쿠사라는 작은 도시에서 살고 있었다. 어느 날 시라쿠사의 왕이 말했다.

"황금 왕관을 갖고 싶다. 그것은 반드시 순금으로 만들어져야 한다."

왕은 금세공인을 불러 순금 한 덩어리를 건네주며 말

했다.
"그것을 가지고 가서 순금 왕관을 만들어라."
부정직한 금세공인은 금을 모두 사용하지 않고 그것의 일부를 훔친 다음 같은 무게의 은으로 바꿔 놓았다. 금이 은보다 훨씬 비쌌기 때문이다.
새 왕관이 준비되자 그는 궁궐의 왕에게 가지고 갔다. 왕은 그것을 양손으로 치켜들고 말했다.
"이 왕관이 순금이라는 것을 믿지 못하겠는데."
"하지만 폐하. 그것은 금덩어리와 같은 무게이옵니다. 그러므로 그것은 순금이 틀림없사옵니다." 금세공인은 대답했다.
"과학자 아르키메데스를 데려 오너라. 오직 그만이 확실히 알 것이다." 왕은 딱 잘라 말했다.
금세공인은 혼자 생각했다. '왕관이 순금으로 만들어지지 않은 것은 아무도 알 수 없어. 누구도 그렇게 현명하지 않아.'
하지만 아르키메데스는 정말로 무척 현명했다. 그는 왕관을 조사하기 위해 가지고 돌아갔다. 처음에는 그것이 순금으로 만들어져 있는지 아닌지 확신할 수 없었다. 그것은 진짜 순금처럼 보였다.
어느 날 공중목욕탕에 있던 그는 욕탕 안에 발을 넣다가 수면이 올라가는 것을 알아 차렸다. 순간적으로 그는 그 왕관이 순금인지 아닌지 조사할 방법을 알아냈다. 그는 너무나 흥분해서 욕탕을 뛰쳐나와 아무것도 걸치지 않은 채 "유레카! 유레카!(알았다! 알았다!)"라고 소리치면서 거리를 달렸다.
집에 도착하자 그는 그 사실을 더 주의 깊게 생각했다.
'왕관은 양에 맞는 무게를 갖고 있다. 하지만 그것이 금과 은으로 만들어져 있다고 가정해 보자. 은은 금보다 가볍다. 따라서 은은 금보다 양이 많아진다. 그러므로 금과 은이 섞인 왕관은 순금으로 만들어진 것과 같은 무게가 될 수는 있지만 용적이 많아지게 된다."

그는 이 위대한 사실을 발견하자마자 자신이 옳다는 것을 증명하기 위해 작업에 착수했다. 그는 왕관과 무게가 같은 순금을 준비하고, 그것을 물이 가득 든 주전자에 넣었다. 물론 약간의 물이 넘쳐흘렀다. 아르키메데스는 그것을 비커에 받았다. 그러고 나서 그는 금덩어리를 집어내고 다시 주전자에 물을 채웠다. 그런 다음에 그는 왕관을 물에 가라앉혔다. 또 약간의 물이 넘쳐흘렀다. 아르키메데스는 그 물을 비커에 담았다. 두 번째 비커에는 더 많은 물이 있었다. 그래서 그는 순금덩어리보다 왕관의 용적이 더 크다는 것을 알았다.
"그 왕관은 순금이 아닙니다. 그것은 순금의 용적보다 더 많은 용적을 갖고 있기 때문에 저는 금에 은을 섞었다는 것을 알았습니다." 그는 왕에게 말했다.
왕은 이 말을 듣고 부정직한 금세공인을 벌하고 모든 사람들에게 아르키메데스는 살아있는 가장 현명한 사람이라고 말했다.

LEVEL 3

01. 삼형제 (본문 p.197)

옛날에 세 아들을 둔 가난한 농부가 살았다. 그는 아침부터 저녁까지 매일 열심히 일했지만 땅이 조금밖에 없었기 때문에 부자가 되지 못했다. 그래서 그의 세 아들은 농부가 되고 싶지 않았다.
농부가 죽은 뒤의 어느 날, 농부의 아내는 세 아들에게 일을 도와 달라고 부탁했지만 그들은 싫다고 했다. 그래서 그들이 마을을 돌아다니며 부자가 되는 것을 꿈꾸는 동안 그녀는 밭에서 혼자 일해야만 했다.
어느 날 밤, 저녁식사를 마친 다음에 어머니는 자식들에게 말했다.
"너희들은 나를 전혀 도와주지도 않고 일도 하기 싫어하니까 세상에 나가서 스스로 돈을 벌어봐. 7년 후

에는 돌아와도 돼. 하지만 너희들은 농민으로 일하지 않으면 성공할 수 없을 거야."
세 아들은 슬펐지만 어머니의 충고를 따라 넓고 낯선 세상으로 나갔다.

7년이 지난 뒤에 자식들은 돌아왔다. 그 동안 혼자 밭에서 일해야만 했던 어머니는 자식들을 다시 보자 기쁜 목소리로 외쳤다. 장남인 톰은 훌륭한 유리 제조업자가 되어 있었다. 차남인 벤은 훌륭한 조선가가 되어 있었다. 하지만 막내인 잭은 나쁜 사람들을 만나서 도둑이 되어 있었다.

며칠 뒤에 왕의 명을 받은 사람이 마을로 와서 이렇게 말했다. "아름다운 공주님이 괴물한테 잡혀가셨다. 공주님을 무사히 궁궐로 다시 모셔오는 자는 공주님과 결혼할 수 있다."

삼형제는 이것이 부자가 될 최고의 기회라고 생각했다. 톰은 망원경을 만들어서 그것으로 공주가 멀리 떨어져 있는 섬의 높은 탑에 갇혀있는 것을 발견했다. 벤은 재빨리 배를 만들었다. 그리고 삼형제는 그 섬을 향해 출범했다.

그들은 마침내 그 섬에 도착했다. 하지만 그들은 곧 그 탑이 온갖 종류의 괴물들로 주의 깊게 감시되고 있다는 것을 알았다. 톰과 벤은 그 탑에 들어갈 수 없다고 생각했다. 하지만 건물에 침입할 여러 가지 방법을 알고 있었던 잭은 탑에 들어가서 공주를 구해냈다. 그러는 동안에도 괴물들은 그 일에 대해 전혀 눈치채지 못했다.

왕은 그들이 무사히 돌아왔을 때 매우 기뻤다. 하지만 곧 다시 고민에 빠졌다. 삼형제가 함께 공주를 구했기 때문에 왕은 누구를 공주와 결혼시켜야 할지 알 수 없었던 것이다. 왕은 생각하고 또 생각했다. 그러고 나서 왕은 말했다.

"나는 내 딸을 너희 가운데 누구에게도 주지 않겠다. 대신 내 영토의 절반을 너희에게 주마."

새 땅을 얻게 되자 그들은 결국 어머니처럼 농부가 되기로 결심했다. 그들은 그 후 그 땅에서 어머니와 함께 행복하게 살았다.

02. 삼손과 데릴라 (본문 p.205)

옛날에 삼손이라는 남자가 있었다. 그는 매우 크고 강했으며 그의 머리는 매우 길었다. 그는 너무 강했기 때문에 대부분의 사람들은 그를 두려워했으며 적이 많았다. 그들 대부분은 필리스틴 사람들이었다. 그것은 그가 필리스틴 여인과 결혼했으면서도 그녀에게 매우 차갑게 대하고 있었기 때문이었다. 필리스틴 사람들은 하느님을 믿지 않았다.

삼손은 데릴라라는 또 다른 필리스틴 여인을 찾아가기 시작했다. 삼손이 데릴라를 찾아다니고 있다는 것을 알게 된 필리스틴 사람들은 삼손의 힘의 비밀을 알아내기 위해 그녀에게 많은 돈을 주었다. 날마다 그녀는 끈질기게 물어서 그를 곤혹스럽게 만들었다. 그래서 삼손은 그녀에게 만약 자신이 7개의 녹색 버드나무 가지로 묶이면 힘을 잃게 되어 보통 사람과 같게 될 것이라고 알려줬다.

삼손이 잠들었을 때 데릴라는 삼손을 7개의 버드나무 가지로 묶고는 소리쳤다.

"삼손. 필리스틴 사람들이 당신을 공격하러 오고 있어요."

그는 깨어나서 일순간에 버드나무 가지를 부러뜨렸다.

다시 그녀는 몇날 며칠 동안 끝없는 질문 공세를 펴서 그가 만일 두 개의 새 밧줄에 묶이면 무력하게 된다는 것을 듣게 되었다. 하지만 데릴라는 그가 또 자신을 속였다는 것을 알았다.

데릴라는 그의 비밀을 캐내기로 더욱 굳게 결심했다. 그래서 그녀는 결국 삼손이 손 들 때까지 묻고 또 물었다. 그는 데릴라에게 자신을 강하게 만들어 준다고 생각하는 것을 가르쳐 주었다. 삼손은 자신이 나사렛 사람으로 태어났고, 나사렛 사람들은 하느님께 충성을 맹세한 사람들로서 결코 수염과 머리를 깎지 않으며, 그래서 자기는 결코 머리를 깎은 적이 없다고 말했다. 데릴라는 필리스틴 사람들을 불러서 마침내 삼손의 비밀을 알아냈으니 돈을 갖고 오라고 말했다. 삼손이 잠들었을 때 그녀는 그의 머리를 깎아버렸다. 그리고 큰소리로 삼손을 깨웠다.
"필리스틴 사람들이 공격하러 오고 있어요!"
삼손은 자신이 머리가 깎여서 힘을 잃었다는 것을 모르는 채 벌떡 일어났다. 필리스틴 사람들은 쇠사슬로 그를 묶고는 감옥에 집어넣었다.
감옥에서 많은 시간이 지난 뒤에 삼손은 머리가 다시 자랐다. 어느 날, 필리스틴 사람들은 삼손을 다곤이라는 사원으로 데리고 갔다. 수많은 필리스틴 군중들이 거기에 모여서 그를 비웃고 놀려댔다. 그는 눈을 뜰 수 없었기 때문에 한 소년이 그를 이끌고 있었다. 삼손은 그 소년에게 자기를 기둥 쪽으로 데려다 달라고 부탁했다.
삼손은 기둥들을 붙들고 자신의 힘이 다시 돌아오도록 기도했다.
"우리 모두 죽게 하소서."라고 외치며 그는 기둥을 끌어당겨 쓰러뜨렸고, 이 때문에 그 사원은 붕괴되어 사람들은 모두 죽어버렸다.

03. 모짜르트, 그 진혼곡 (본문 p.212)

1년 후 26세에 모차르트는 결혼을 했고, 곧 전보다 더 많은 돈이 필요하게 되었다. 그는 자신의 음악에 대한 사랑을 돈으로 바꾸기 위해 더욱 열심히 일했다. 금전적으로 곤란을 받았음에도 불구하고 그는 아내만을 위한 곡을 몇 개 쓸 시간을 찾았다.
때때로 모차르트와 그의 아내는 연극 의상을 입고 팬터마임을 연기했다. 그의 아내는 음악적 재능은 그다지 없었지만 모차르트는 몇몇 종교극의 일부를 그녀의 목소리를 위해 썼다.
그의 가족은 때때로 돈이 부족하긴 했어도 애정이 부족하지는 않았다.
그럼에도 불구하고 그들은 결코 보통 생활을 하지 않았다. 그는 종종 집을 떠나서 가족을 그리워하는 편지를 썼다. 그는 종종 밤새도록 악기를 연주하곤 했다. 때로는 한밤중에 아내와 아이들을 깨워서 "자, 앉아서 방금 작곡한 것을 들어봐."라고 말하곤 했다.
그의 가장 유명한 오페라인 '피가로의 결혼'을 상연했을 때 모차르트는 30세였다. 그 오페라는 대성공을 거두었다.
또 다른 뛰어난 작품인 '돈 조반니'를 작곡했을 때 모차르트는 31세였다. 그 작품은 모차르트의 작곡가로서의 능력이 얼마나 성장했는가를 보여주는 사색과 감정의 깊이를 갖고 있었다.
모차르트는 35년간의 생애에 626곡이나 되는 작품을 썼다.
35세의 나이로 세상을 떠났던 1791년에 모차르트는 공상적인 오페라 '마술 피리'를 작곡했다. 음악의 이야기 속에서 모차르트는 아이들을 기쁘게 하고, 어른들에게도 진지한 사색을 갖도록 자극했다.
오랫동안 모차르트는 자신이 오래 살지 못한다고 믿었다. 그리고 그가 '마술 피리'를 작곡하고 있었을 때 이상한 일이 일어났다.
모차르트가 전혀 모르는 한 남자가 찾아와서 진혼곡을 써달라고 부탁했다. 그 남자는 진혼곡을 원하는 이유에 대해 전혀 얘기하지 않았기 때문에 모차르트는 그 남자가 자신의 죽음을 알리러 온 하늘의 사자라고 거의 믿었다.
세월이 흘러 모차르트는 '마술 피리'와 또 다른 오페라를 완성했다. 또다시 그 이상한 남자가 찾아와서 이번에는 모차르트에게 진혼곡을 즉시 작곡해 달라고 돈을 지불했다.
모차르트는 이것이 자기 자신의 진혼곡이라고 완전히 믿었다. 곧 그는 정열을 쏟아 작곡하기 시작했다. 그는 그 곡에 자신의 모든 재능을 쏟아 넣었다. 그것은 그의 가장 아름다운 작품이다.
세 번째로 그 이상한 남자가 진혼곡을 받으러 왔을 때 모차르트는 이미 세상을 떠난 뒤였다.

Final Test 3 (본문 p.220)
미국 정치에서 굉장히 위대한 일을 이룬 여성은 극소수이다. 고위직에 취임한 대부분의 여성들은 남편이나 아버지가 그들보다 먼저 정권을 차지하고 있었기 때문에 그랬던 것이었다. Ella Grasso는 그런 극소수의 여성 가운데 하나였다. 그녀는 다른 사람들의 도움을 거의 받지 않고 코네티컷의 주지사가 되었다.
Ella의 아버지는 돈이 거의 없었다. 그녀는 학교에서 열심히 공부해서 좋은 대학에 갈 장학금을 받았다. 대학을 졸업한 뒤에 그녀는 교사와 결혼했다. 그 뒤 3년 동안 그들은 코네티컷의 작은 도시에 있는 영화관을 운영했다.
제2차 세계대전 동안 Ella는 정치계에서 일하기로 결심했다. 처음에 그녀는 작은 도시에서 공직에 출마했고 몇 년 뒤에 더 높은 직책에 올랐다. 그녀는 가난한 사람들을 행복하게 해주고 싶었다. 그래서 그들을 위해서 무척 열심히 일했기 때문에 그녀는 인기를 얻었다. 1970년에 사람들은 미국의회에 그녀를 선출했다. 하지만 그녀는 국가 정부의 규모는 너무 커서 자기가 하고 싶은 수많은 일들을 할 수 없다는 것을 깨달았다. Ella는 자신의 새 직책이 만족스럽지 않았다. 그래서 1974년에 그녀는 주지사에 출마하기 위해 코네티컷으로 돌아왔다. 그녀는 이겼고 그 다음 6년 동안 코네티컷을 통치하기 위해 아주 열심히 일했다.
그녀는 주 정부의 규모가 작아야 한다고 생각했다. 그녀가 주지사로 있는 동안 코네티컷의 세금은 낮아졌다. 그녀는 자신이 쓰는 비용을 삭감하려고 노력했고 어떤 값비싼 차도 사용하지 않았다. 그녀는 대단히 훌륭한 주지사였고, 그녀가 죽은 1981년 당시에 Ella Grasso는 미국에서 가장 존경받는 여성 가운데 한 사람이었다.

LEVEL 1

01. 로이의 그림 (본문 p.17)

1. ① begin (로이는 언제부터 그림을 그리기 시작했는가?) ② when (그는 세 살 때 그림을 그리기 시작했다.) ③ Who (누가 그에게 이젤과 물감을 주었는가?) ④ did (그의 늙은 삼촌이 주었다.) ⑤ much (그의 그림에 대해 삼촌은 뭐라고 말했는가? 그는 "사람들이 많은 돈을 내고 그의 그림을 사고 싶어 할 거야."라고 말했다.) ⑥ No, he didn't. (로이는 그림의 위쪽 반에 그림을 그렸는가?) ⑦ Because (그는 왜 종이의 반에만 그림을 그렸는가? 그는 키가 작기 때문이다.)

2. ① When did you visit Seoul?
   ② I first visited Seoul when I was ten. (When I was ten, I first visited Seoul.)
   ③ When I saw her in Seoul, I was very glad. (I was very glad when I saw her in Seoul.)

02. 고양이인가 개인가? (본문 p.21)

1. C (하지만 맥스는 아직도 고양이보다 개가 더 좋았다. "개는 공을 잡을 수 있어. 개는 밤에 내 방에서 나와 함께 자. 내가 학교에서 집으로 돌아오면 개는 나를 맞이해. 하지만 난 이 새 애완동물을 사랑할 거야." 맥스는 말했다.)

2. ① No, they didn't. (맥스와 그의 아버지는 개를 사기 위해 애완동물 가게에 갔는가?)
   ② Max did. (누가 작은 종이공을 만들었는가?)

3. ② 개라 불리는 맥스의 애완동물

4. ① Give me an eraser.
   ② Be a good boy.
   ③ Don't sleep in my room.

03. 베스 이모 (본문 p.25)

1. ② (① 릴리의 선물 ② 하늘에서 온 이모 ③ 공항에서 ④릴리와 엄마

2. ① Lily ② by plane ③ Monday
   ④ very ⑤ Because ⑥ in the sky
   (릴리는 작은 소녀이다. 릴리는 평소에 혼자 논다. 어느 날 엘리자베스 이모가 릴리의 가족을 만나러 비행기를 타고 왔다. 릴리는 무척 행복했다. 월요일에 베스 이모는 집으로 돌아갔다. 그녀는 더 있을 수 없었다. 그녀는 무척 바빴다. 공항에서 릴리는 울었다. 왜냐하면 이모가 하늘에서 살기 때문에 자기를 보러 자주 오지 못하는 거라고 생각했기 때문이다.)

3. ① He is too tired to do his homework.
   ② She ran away as soon as she saw me.

04. 신사답게 (본문 p.29)

1. 디클랜이 여동생에게 무척 친절해서 이모는 기뻤다.

2. ④ (① 엠마에게 케이크를 자르라고 해라 ② 칼로 케이크를 잘라라 ③ 네 몫의 조각을 부엌으로 가져가라 ④ 엠마에게 더 큰 조각을 주어라)

3. ③

4. ① Write with a pencil.
   ② He cried like a baby.
   ③ I was so glad that I ran back home at once.

5. so old that he can't go up the hill. (그 남자는 너무 늙어서 언덕을 올라갈 수 없었다.)

05. 한 번에 세 벌 (본문 p.33)

1. (1) ④ (2) ① (3) ③ (4) ① (5) ②

2. ① more expensive (이 시계는 저것보다 더 비

싸다.) ② taller (미스터 김은 자기 아버지보다 더 키가 크다.)
3. ① older ② bigger ③ better ④ more ⑤ more

06. 옆방의 하느님 (본문 p.37)
1. ① 할아버지가 John에게 초콜릿을 주실 때
   ② 할아버지를 기쁘게 해드리고 싶어서
   ③ 엄마와 할아버지에게서 큰 초콜릿 상자를 생일 선물로 받게 해 달라고 기도했다.
   ④ 옆방에 계신 할아버지에게 들리게 하려고
2. ① 그들은 그에게 새 계획을 세우게 했다.
   ② 새 사업은 그들을 전과 같이 부자가 되게 했다.

07. 언덕 정상에서 (본문 p.41)
1. ② 2. 푸른 하늘 아래에서 그것은 작아 보였다.
3. ②
4. ①, ④, ②, ③ (① 정오쯤에 우리는 언덕 꼭대기에 도착했다. ② 엄마는 그것이 한라산이라고 말했다. ③ 아버지는 "달과 한라산 중에 어느 게 더 멀리 있니?"라고 말했다. ④ 내 남동생이 멀리 떨어져 있는 하얀 산을 발견했다.)
5. ① looks ② much

08. 13과 검은고양이 (본문 p.45)
1. ②, ⑤, ⑥, ⑦ (①잭슨 씨의 집은 뉴욕에 있다. ②잭슨 씨는 더 따뜻한 도시에서 살기를 원한다. ③잭슨 씨의 집은 너무 작기 때문에 아무도 사려고 하지 않았다. ④잭슨 씨 부부는 12A 번지의 집으로 이사했다. ⑤이웃사람이 잭슨 씨에게 검은 고양이를 빌려주었다. ⑥검은 고양이는 행운을 가져온다고 믿어진다. ⑦잭슨 씨는 누군가 자기 집을 사기를 원했다. ⑧잭슨 씨 부부가 브라운 씨의 집을 보러 왔다.
2. ① to ② must ③ mustn't ④ may

09. 깨끗한 호텔 (본문 p.49)
1. ① ○ ② ○ ③ × ④ ○ ⑤ ○ ⑥ × ⑦ × ⑧ ○ ⑨ × ⑩ × ⑪ ○ ⑫ ×
   (①우드 씨의 집은 그리 크지 않다. ②우드 씨는 아내가 없다. ③우드 씨는 깨끗하기 때문에 싼 호텔에 갔다. ④우드 씨는 돈이 많지 않기 때문에 싼 호텔에 갔다. ⑤우드 씨의 친구는 타워 호텔을 아주 좋아했다. ⑥싸고 깨끗한 호텔을 찾는 것은 우드 씨에게 무척 어려웠다. ⑦우드 씨의 침대 시트는 아주 깨끗하고 뽀송뽀송했다. ⑧우드 씨의 침대 시트는 아주 깨끗했지만 젖어 있었다. ⑨지배인은 시트를 세탁해야 했기 때문에 화가 났다. ⑩우드 씨는 그의 침대 시트가 젖어 있었기 때문에 화가 났다. ⑪지배인은 우드 씨가 침대 시트가 깨끗한지 그에게 물었기 때문에 화가 났다. ⑫새 지배인은 우드 씨가 다른 지배인이 있었다고 말했기 때문에 화가 났다.)
2. ① which is (책상 위에 있는 책은 아버지가 주셨다. ② who is (침대에 있는 아기를 봐.)

10. 등산하는 법 (본문 p.53)
1. ① 천천히 올라가라. 산을 뛰어 오르려고 생각하지 말 것.
   ② 서두르지 마라. 규칙적으로 호흡하고, 2보마다 숨을 들이 쉬고 2보마다 내쉬도록 할 것.
   ③ 지면에 발을 평평하게 닿게 하라. 체중을 발에 싣기 전에 발 전체로 지면을 느껴야 한다.
   ④ 5분마다 앉지 말고 걸음을 잠깐 멈추고 풍경을 볼 것.
2. your foot

3. ① John, (please) come here.
   ② Be careful of the dog.

11. 말을 삼켰어요 (본문 p.57)
1. ②, ④, ⑤, ③, ①
2. ① has come (봄이 왔다. 그래서 지금은 봄이다.) ② has broken (그는 창문을 깼다. 그래서 아직도 깨져 있다.)
3. ① it ② one ③ it

12. 톰의 병 (본문 p.61)
1. (A) coming (B) done
2. earlier, than
3. ② (①제인의 엄마는 무척 피곤했기 때문에 간밤에 잘 잘 수 있었다. ②오늘 제인은 엄마를 돕고 싶었기 때문에 방과 후에 테니스를 치지 않았다. ③오늘 오후에 톰은 어제만큼 상태가 안 좋았다. 하지만 그는 며칠 안으로 좋아질 것이다. ④오늘 아침에 제인은 너무 졸려서 학교에 갈 수 없었다.)
4. ① fast ② newer ③ harder

13. 수호의 가족 (본문 p.65)
1. (1) ① Yes (수호의 아버지는 선생님인가?)
   (2) ② not ③ busy(수호의 엄마는 언제 음악을 듣는가?) 왜 모든 사람이 수호의 누나를 좋아하는가?
   (3) ④ very ⑤ kind(왜 모든 사람이 수호의 누나를 좋아하는가?)
   (4) ⑥ No, ⑦ isn't (진호는 고등학생인가?)
   (5) ⑧ Suho (이 가족 가운데 가장 나이 어린 사람은 누구인가?)
   (6) ⑨ six (이 가족은 몇 명인가?)
2. ① is cooked by Jane (제인은 저녁 음식을 만든다.) ② are grown by Jane (제인은 꽃을 키운다.) ③ was built by Mr. Brown (잭슨 씨는 큰 집을 짓는다.) ④ was broken by Bill (빌은 어제 창문을 깼다.)
3. ① oldest ② biggest ③ best ④ most ⑤ most

14. 소 나누기 (본문 p.69)
1. ②   2. (A) nine (B) six (C) two
3. ① This is my friend whose mother is a famous pianist. (이 사람은 내 친구다. 그녀의 엄마는 유명한 피아니스트다.) ② The book whose cover is green is mine. (그 책은 내 것이다.그 책의 표지는 초록색이다.)

15. 자전거 타기 (본문 p.73)
1. ②, ④ (① 준호와 그의 친구들은 가장 가까운 식당에서 먹는다. ② 준호는 자전거 타는 것을 좋아하기 때문에 제주도에 자전거를 가지고 가고 싶어 한다. ③ 준호와 그의 친구들은 제주도에서 산다. ④ 준호와 그의 친구들은 캠핑할 때 늦게 잔다. ⑤ 준호와 그의 친구들은 수원에 있는 아름다운 장소에서 캠핑을 한다. ⑥ 수호는 준호의 친구들 가운데 한 명이다.
2. He will go to Jeju Island from Busan by ship. (준호는 부산에서 제주도로 어떻게 가려고 하는가?)
3. ① (① 맑을 때 ② 비가 올 때 ③ 흐릴 때 ④ 시원할 때)
4. ① 자전거 타는 것은 매우 재미있다.
   ② 나는 일요일에 친구들을 방문하는 것을 좋아한다.
   ③ My hobby is playing the piano.

16. 만화 (본문 p.77)

1. ① (① 어린이들은 만화를 좋아한다. ② 어머니들은 만화를 좋아한다. ③ 사람들이 웃는다. ④ 만화는 좋은 것이다.)
2. read 뒤
3. ② (① 아버지는 만화를 전혀 좋아하지 않는다. ② 대답은 yes와 no 둘 다야. ③ 아버지는 그것을 이해하려 하지 않는다. ④ 우리는 만화를 읽으면 안 된다.)
4. ① room 뒤 (내 방에서 텔레비전을 보고 있는 소년은 데빈 켄트이다.) ② yesterday 뒤 (내가 어제 만났던 소녀는 그녀의 여동생이다.)

17. 어떤 할머니의 사진 (본문 p.81)

1. 비가 오고 있었으므로.
2. 이것은 그녀에게 중요한 것임에 틀림없다.
3. 사진을 그 할머니에게 돌려 드리는 것.
4. ① took ② have ③ was ④ bridge
   (① 데빈은 노부인을 파크 극장에 데려다주었다. ② 노부인은 "난 지난 9월 이후로 죽 혼자 살았어요."라고 말했다. ③ 사진은 자동차의 좌석에서 발견되었다. ④ 데빈은 노부인이 다리 근처에 산다는 것을 알아냈다.)
5. ① 어머니는 지금 매우 화가 나 있음에 틀림없다.
   ② 컵에 물이 없다.
   ③ 나는 택시 운전사가 매우 좋은 사람이라는 것을 알았다.
   ④ 그는 나에게 혼자 극장에 가면 안 된다고 말한다.

18. 개집 만들기 (본문 p.85)

1. (A) ④ (B) ③ (C) ①
2. ① bought ② began ③ made
3. ① born (제인의 새 개는 세 달 전에 태어났다.) ② than (톰의 아버지는 물건들을 사는 것보다 스스로 만드는 것을 더 좋아한다.) ③ doghouses (톰과 아버지는 가게 안에서 몇몇 개집들을 매우 주의 깊게 살펴보았다.) ④ hours (톰과 아버지는 몇 시간 만에 개집 만들기를 끝냈다.) ⑤ dog (톰은 그녀의 새 개에게 아직 이름을 지어주지 않았다.)
4. ① He has wanted to go to the sea for a long time. ② I have waited for him for two years. ③ They have worked hard since this morning. ④ You have to listen to me.(You must listen to me.) ⑤You don't have to buy a doghouse.

19. 비버 (본문 p.89)

1. ① stopped ② carries
2. It has large and strong front teeth. (비버는 앞니로 무엇을 하는가?)
3. 때로는 비버가 만드는 댐은 거의 200미터나 되기도 한다.
4. ① The man I met yesterday was very kind.(내가 어제 만났던 사람은 매우 친절했다.)
   ② The cup I bought last Sunday is a present for my mother.(내가 지난 주 일요일에 산 컵은 어머니께 드릴 선물이다.)
   ③ I know the girl you are going to visit.(나는 당신이 방문하려고 하는 그 소녀를 알고 있다.)

20. 바이킹 (본문 p.93)

1. (A) ② (B) ⑥

2. ① to ② books ③ able ④ ships ⑤ earlier (그린 선생님은 학생들에게 집에서 바이킹에 관한 책을 좀 읽어오라고 말했다. 올리버는 도서관에서 그들에 관한 책을 찾았다. 도서관 사서가 그를 도와주었다. 그는 재미있는 책 두 권을 빌렸다. 그는 집에서 3일 만에 그 책들을 읽을 수 있었고, 바이킹에 관한 흥미진진한 일들을 몇 가지 배웠다. 그들은 그 당시에 가장 빠른 배를 가지고 있었다. 그들 중의 일부는 콜럼버스보다 더 일찍 미국을 발견했다.)

3. ① looked, for ② was, able, to ③ have, been ④ Have, heard

21. 앨버트 슈바이처 (본문 p.97)

1. ② (① 새에게 친절해라. ② 조용히 해라. ③ 피곤하니? ④ 몇 시야?)
2. why Albert cried out?
3. age (서른 살이 되었을 때, 그는 의사가 되기 위해 공부하기 시작했다.)
4. 그는 자신의 도움을 필요로 하는 더욱 더 많은 사람들을 돌봐야만 했다.
5. ① 나는 그녀가 왜 소리를 지르지 않았는지 모르겠다. ② 그는 평생 가난했다. ③ 동물을 돌보는 것은 중요하다.
6. ① why you came late again ② at the age of eighty – six

22. 여가 (본문 p.101)

1. ① because ② who ③ when
2. ④ to ⑤ for
3. ① playing ② free ③ hobbies ④ roses ⑤ beautiful ⑥ important (공부하는 것은 좋은 일이다. 그리고 노는 것 역시 좋은 일이다. 우리는 기계가 우리에게 주는 우리의 여가 시간에 대해 생각해야 한다. 취미를 가진다면 우리는 행복해질 것이다. 브라운 씨의 취미는 장미를 키우는 것이다. 사람들이 그의 장미가 무척 아름답다고 말할 때 그는 기쁘다. 취미를 갖는 것은 중요하다.)
4. ① The boy whom Ann loves is very handsome. (그 소년은 무척 잘생겼다. 앤은 그를 사랑한다.) ② We live in the town which is near the sea. (우리는 작은 도시에서 산다. 그것은 바다 가까이에 있다.)

23. 호랑이인가, 통치자인가? (본문 p.105)

1. (1) ① (평범하지 않은 일이 일어났을 때 ① 공자는 그 일에서 무엇을 배울 수 있는지 생각했다. ② 공자는 군중들에게 그것에 대해 모두 말했다. ③ 공자는 자신을 유명하게 만드는 데 이용했다. ④ 공자는 즉시 그것을 바꾸려고 했다.)
(2) ③ (공자는 여인에게 말을 걸기 위해 멈추었다. 왜냐하면 ① 그는 그녀의 남편이 호랑이에게 물려 죽은 것을 가엾게 여겼기 때문이다. ② 그는 그 여자가 미쳤다고 생각했기 때문이다. ③ 그 여자가 무덤 위에서 울고 있었기 때문이다. ④ 그 여자가 통치자를 두려워하고 있었기 때문이다.) (3) ② (그 여자는 울고 있었다. 왜냐하면 ① 그녀는 호랑이가 너무나 무서웠기 때문이다. ② 그녀의 남편과 아들이 둘 다 호랑이에게 물려죽었기 때문이다. ③ 그녀는 남편의 죽음이 슬펐기 때문이다. ④ 그녀는 호랑이보다 통치자에 대한 두려움이 더 컸기 때문이다.)
(4) ④ (그 여자는 그런 위험한 곳에서 계속 머물러 있었다. 왜냐하면 ① 그녀는 남편과 아들을 둘 다 그곳에 묻었기 때문이다. ② 다른 곳의 호랑이들은 훨씬 더 위

험했기 때문이다. ③ 그곳의 통치자는 그녀에게 아주 친절했기 때문이다. ④ 다른 곳의 통치자들은 더 가혹했기 때문이다.)

(5) ④ (공자는 선한 통치자가 중요하다는 것을 알았다. 왜냐하면 ① 선한 통치자는 보통 그의 충고를 따랐기 때문이다. ② 선한 통치자는 백성들을 호랑이에게서 안전하게 보호하기 때문이다. ③ 나쁜 통치자는 흔히 아주 많은 호랑이를 키우기 때문이다. ④ 나쁜 통치자는 심지어 호랑이보다도 훨씬 더 나쁘기 때문이다.)

24. 옛 사진 (본문 p.109)

1. ① 2. them 뒤
3. ③ (①마크가 오래된 사진을 보았을 때, 한 소년이 그 안에서 미소 짓고 있었다. ②마크는 사진 속의 소년이 누구인지 알았지만 존은 알지 못했다. ③마크는 오래된 사진을 보고 그 안에서 그의 아버지를 발견할 수 있었다. ④존은 아버지가 마크에게 사진을 보여주었을 때 책을 읽고 있었다.
4. ① It is interesting to swim. (수영하는 것은 재미있었다.) ②It is fun for Inho to play the piano. (피아노를 치는 것은 인호에게 재미있다.) ③ It isn't easy for me to speak English. (영어로 말하는 것은 나에게 쉽지 않다.) ④ It was hard for the boys to get up early. (일찍 일어나는 것은 그 소년들에게는 힘들었다.)

Final Test 1 (본문 p.115)

1. (1) ① 알라딘은 어머니와 살고 있었다.
       ② 나쁜 사람이었다.
   (2) ① 그 남자가 불 속에 뭔가를 던져 넣고 주문을 외우자 땅에 구멍이 생겼다.
       ② 큰 돌이 있었다.
   (3) ① 알라딘이 남자에게 빨리 램프를 주지 않기 때문에.
       ② 알라딘이 반지를 비비자 반지의 요정이 나타나 알라딘을 밖으로 내보내 주었다.

2. ① ○ ② × ③ × ④ ○ ⑤ ×
   ⑥ × ⑦ × ⑧ ○ ⑨ × ⑩ ○
   (①어느 날 알라딘이 다른 소년들과 놀고 있을 때 나쁜 남자가 길을 따라 걸어왔다. ②그 남자는 진짜로 알라딘의 삼촌이었고 그들에게 멋진 저녁을 가져왔다. ③다음 날 그 남자는 알라딘을 자기 집으로 데려가서 알라딘이 깜짝 놀랄 아주 이상한 일을 보여주었다. ④그 남자는 알라딘을 구멍 속으로 들여보낼 때 자기의 요술 반지를 그에게 주었다. 왜냐하면 그는 소년이 램프를 안전하게 가지고 돌아오기를 바랐기 때문이다. ⑤알라딘은 정원에서 아름다운 과일로 가득한 나무들을 발견했다. ⑥알라딘은 정원에 있는 나무들 가운데 하나의 꼭대기에서 램프를 발견했다. ⑦그 남자는 알라딘에게 보석을 내놓으라고 요구했다. ⑧그 남자는 화가 나서 알라딘을 구멍 속에 가둬버렸다. ⑨알라딘은 구해달라고 울부짖었기 때문에 구조되었다. ⑩그가 반지를 비비자 요정이 나타나 알라딘을 위해 땅을 열었다.)

3. ②, ⑤, ④, ①, ③
4. (A) of trees covered with jewels
   (C) want to get out of here
5. 보석이 너무 무거워서 알라딘은 계단을 오를 수가 없었다.

LEVEL 2

01. 열쇠가 있는 곳 (본문 p.123)

1. ① working ② called ③ arrived
2. 문 왼쪽에 있는 돌 아래 3. 이웃사람

4. ① 우리는 중국어 말하는 법을 배운다.
   ② 그녀는 지금 막 기타를 치기 시작했다.
   ③ 이젠 숙제를 마쳤겠지?

02. 이탈리아에서의 방학 (본문 p.127)

1. (1) ③ (당신은 잭이 이탈리아에서 얼마나 머물 거라고 생각했는가?)
   (2) ④ (잭은 언제나 아주 많은 돈을 갖고 있다, 그렇지 않은가?)
   (3) ② (잭은 어떻게 이탈리아에서 그렇게 오래 머물 수 있었는가? ① 그는 미국인들에게 빵을 팔았다. ② 그는 영어를 가르쳤다. ③ 그는 이탈리아어를 배웠다. ④ 그는 용돈을 가져갔다.)
   (4) ① (잭과 알렉은 매일 두 시간 동안 무엇을 했는가? ① 그들은 영어로 이야기했다. ② 그들은 이탈리아어로 이야기했다. ③ 그들은 빵집에서 일했다. ④ 그들은 대학에서 공부했다.)

2. ① They went out singing a song.
   ② She did her homework listening to (the) music.

03. 최초의 여의사 (본문 p.131)

1. ①, ⑤, ②, ④, ③
2. ① first, that (엘리자베스 블랙웰은 미국에서 의사가 된 최초의 여성이다.)
   ② doctor, change (비록 사람들은 그녀가 의사가 될 수 없다고 생각했지만 블랙웰 양은 마음을 바꾸지 않았다.)
   ③ care, poor (닥터 블랙웰은 아주 많은 가난한 여성들과 어린이들을 돌보았다.)
3. ① I knew that he was rich. (나는 그가 부자라는 것을 안다.) ② I thought that the story was interesting. (나는 그 이야기가 재미있다고 생각한다.)

04. 그린필드행 버스 (본문 p.135)

1. ① (C) ② (E) ③ (D) ④ (A) ⑤ (B)
   ((A) "다음 버스를 타기에 시간이 충분합니까?" (B) "감사합니다. 좋은 하루 되세요." (C) "그린필드행 버스는 여기에 서지 않아요." 검표원이 말했다. (D) "어, 보시다시피 이 도로는 무척 좁아요. 버스가 다니기에는 너무 좁지요. 곧 도로를 넓힐 예정이에요." 검표원이 설명했다. (E) "그 때—지난 2주 이내—이후로 버스 정류장이 옮겨졌어요.")
2. ① 그 시합은 우리들을 흥분시켰다.
   ② 그 창문은 그때 이후 깨져 있다.

05. 벌새 (본문 p.139)

1. too, to (벌새의 날개는 너무 빨리 움직여서 날개를 확실히 볼 수가 없다.)
2. call, it (그들은 가끔 그것을 '날아다니는 꽃' 이라고 부른다.)
3. ①, ④ (① 이 작은 새들은 그들 가운데 상당수가 날개로 윙윙 소리를 내기 때문에 벌새라고 불린다. ② 먼 곳으로 날아가는 것은 벌새에게 쉽지 않다. ③ 벌새는 그렇게 용감하지 않기 때문에 종종 더 큰 새들한테서 날아 도망가곤 한다. ④ 벌새는 종류가 아주 많고 매우 아름답다. ⑤ 벌새는 꽃에서 꽃으로 아주 빨리 날아갈 수 있기 때문에 가끔 '날아다니는 꽃' 이라고 불린다.)
4. ① forward to seeing you (널 만나게 되기를 고대하고 있어.) ② of watching a football game on television (그들은 텔레비전으로 축구경기를 보는 것을 좋아한다.)

06. 대청소 운동 (본문 p.144)

1. 항상 열심히 공부한다.
   다른 사람에게 항상 친절하다.
2. (A) ④ (B) ③ (C) ⑥ (D) ① (E) ⑤
   (깨끗해지는 것이 게이트 거리의 사람들에게는 어려웠다. 메리는 훌륭한 소녀였지만 깨끗하지 않았다. 그녀의 옷 역시 깨끗하지 않았다. 그녀의 선생님이 그녀에게 깨끗하게 씻으라고 말하고 파란색 새 옷을 주었다. 메리의 아버지와 어머니는 예쁜 딸을 보고 집을 청소하기 시작했다. 이웃사람들이 그들을 보고 역시 그렇게 하기 시작했다. 곧 게이트 거리는 아름다운 거리로 바뀌었다. 다른 도시에 사는 사람들이 그 이야기를 듣고, 그들이 사는 곳을 깨끗이 청소하자는 수많은 캠페인을 시작했다. ①아름다운 거리로 바뀌었다. ②집으로 뛰어 돌아갔다. ③그녀에게 파란색 새 옷을 주었다. ④깨끗하지 않았다. ⑤그들이 사는 곳을 깨끗이 청소하자는 수많은 캠페인을 시작했다. ⑥그들의 집을 청소하기 시작했다.)
3. ④ (①아름다운 학교에서 시작된 대청소 운동 ② 수많은 꽃에서 시작된 대청소 운동 ③선생님의 딸에서 시작된 대청소 운동 ④ 파란색 새 옷에서 시작된 대청소 운동)
4. Because she thought that it was good to be clean and pretty.(메리의 엄마는 왜 저녁 식사 후에 부엌을 청소하기 시작했는가?)
5. ① 그 남자는 영어를 거의 못한다. ② 그 새는 날아가 버리고는 결코 돌아오지 않았다. ③ 마을 사람들은 아무도 그를 보지 못했다.

07. 우리의 새 아기들 (본문 p.150)

1. something 다음에
2. ② (프랭크와 켄은 ( ) 그때까지 몰랐다. ①새해 아침이라는 것을 ②틸리가 새끼를 다섯 마리 낳았다는 것을 ③밀러 부인이 그들의 방에 있는 것을 ④밀러 부인이 그들이 개집으로 달려가기를 원한다는 것을)
3. said 다음에서
4. letter (나는 TV 방송국에 편지를 쓸 거야.)
5. asked (이틀 뒤에 프랭크는 토요일 오후 2시에 방송국으로 오라는 편지를 받았다.)
6. who (새해 첫날에 아기를 낳은 여덟 명의 아버지들)
7. ① (그리고 나서 아이들의 차례가 되었다. ①그들의 새 가족에 대하여 이야기 할 ②아버지들에게 강아지들을 줄 ③편지를 읽을 ④방송국에 갈)
8. five (여덟 명의 아버지들은 왜 모두 놀랐는가? / 새해 첫날에 그 소년의 집에 다섯 아기가 태어났다는 말을 들었기 때문이다.)
9. ④ (①프랭크와 엄마는 새해 첫날 아침에 아주 일찍 일어나서 켄에게 함께 개집에 가자고 말했다. ② 밀러 씨 부부는 아기 강아지들이 6주 되면 보낼 집을 찾았다. ③프랭크와 아버지는 ABC TV 방송국에 편지를 썼지만 어떤 답장도 받지 못했다. ④ 그 프로그램에서 케이시 씨는 무척 행복해 보였다. 왜냐하면 다섯 마리의 강아지 모두 그 아버지들에 의해 집이 주어졌기 때문이다.)

08. 잔디 깎기 (본문 p.156)

1. for 2. bigger 3. ③ 4. ⑤
5. broken (우리는 우리가 깨뜨린 유리 값을 지불할 거예요.)
6. ④ (잔디를 깎는 것은 매우 재미있었기 때문에 한 시간은 아주 빨리 지나갔다.)
7. than (너는 내 것보다 더 작은 방망이와 더 작은 글러브를 가져야 한다.)
8. week 다음

9. interested (나는 이 일이 재미있다.)
10. Roy (누가 홈런을 쳤는가? 로이인가 잭인가?)
11. ① 꽃이 많이 있다. 나는 하나 갖고 싶다.
    ② 들어가도 좋은가요, 안 되는가요?
    ③ 뉴욕은 내가 작년에 방문했던 도시이다.
    ④ 큰 글러브를 갖고 있는 소년은 로이이다.

09. 양들이 기다리고 있어요 (본문 p.162)

1. ① 2. 길 안내자를 데려다 달라고 했으므로.
3. ② 4. ③ 5. ①
6. ④ (①그 정직한 소년은 많은 돈을 받고 행복하게 살았다. ②주인은 많은 돈을 갖는 것이 소년에게 좋은 일이라고 생각했다. ③ 노인은 양들을 보기 위해 산에서 내려왔다. ④노인은 소년을 무척 사랑했으므로 소년을 부르러 보냈다.)
7. (1) When (그 꽃은 지난 일요일에 피었다.)
   (2) Who likes (존과 헬렌은 테니스를 좋아한다.)
   (3) How tall (그는 키가 5피트이다.)
   (4) What is, for (그녀는 그녀의 개를 찾고 있었다.)
   (5) Where does, live (우리 삼촌은 뉴욕에 산다.)

10. 최고의 경기 (본문 p.168)

1. (A) ⑤ (B) ④ (C) ② (D) ①
2. ②, ⑤, ⑦ 3. ③
4. (1) 과거 I could run fast.
       (I was able to run fast.)
       미래 I will be able to run fast.
   (2) 과거 You had to write a report.
       미래 You will have to write a report.

11. 에베레스트산 (본문 p.174)

1. did everything he could
2. ② (①나는 그를 방문하려고 한다. ②텔레비전을 보는 것은 재미있니? ③ 무엇을 읽고 있니? ④그곳에서 달리는 개가 보였다.)
3. ④, ⑤, ⑦
   (①사람들은 달과 다른 별들로 날아가고 싶어 하는 오늘날의 조그만 소년들 같다. ②사람들은 에베레스트 산 꼭대기에 도착하는 첫 번째 사람이 되고 싶어 했고 몇몇 사람은 1952년 전에 거기에 닿았다. ③바람이 강하지 않을 때 에베레스트 산을 오르는 것은 사람들에게 무척 쉬웠다. ④ 힐러리는 에베레스트 산에 대해 많은 것을 공부했다. 그리고 텐징에게 같이 올라가자고 요청했다. ⑤1953년 5월 29일 아침에 힐러리와 텐징은 제9캠프를 떠났고 다섯 시간 뒤에는 정상에 도착했다. ⑥힐러리와 텐징이 올라가기 시작했을 때, 날씨는 맑았지만 가는 도중에 바람이 심하게 불었다. ⑦힐러리와 텐징이 에베레스트 산의 정상에 섰을 때, 날씨는 맑았다. ⑧21세기에 사람들은 달까지 날아가려고 시도할 것이고 산에는 올라가지 않을 것이다.)
4. (1) Speaking English isn't so difficult for you. It isn't so difficult for you to speak English. (영어로 말하는 것은 너에게는 그렇게 어렵지 않다.)
   (2) A long story was written by him. (그는 긴 이야기를 썼다.)

12. 콜럼버스와 달 (본문 p.180)

1. ① 2. 해가 낮에 어두워지는 일이 있다.
3. ④ 4. ④
5. (1) ② (달은 태양 빛을 반사하기 때문에 반짝인다.)
   (2) ② (우리가 태양의 어느 부분도 볼 수 없을 때

우리는 그것을 개기일식이라고 부른다.)

(3) ① (콜럼부스는 언제 개기월식이 있는지 알고 있었다.)

(4) ③ (개기월식이 끝난 뒤에 사람들은 매우 기뻐하며 음식을 가져오겠다고 말했다.)

6. ① I wrote a long letter to him. (나는 그에게 긴 편지를 썼다.)

② He showed picture post cards to me. (그는 나에게 그림엽서를 보여주었다.)

③ She made a nice dress for her daughter. (그녀는 딸에게 멋진 옷을 만들어주었다.)

④ I will find a seat for you. (내가 너에게 자리를 찾아줄게.)

7. ① He got stronger and stronger.(그는 더 강해졌다.) ② The light became brighter and brighter. (빛은 더 밝아졌다.) ③ They worked and worked.(그들은 일했다.)

13. 개구리의 일생 (본문 p.185)

1. (1) ①

(2) ① (①동물 몸의 뒷부분 ②걷기 등에 사용하는 동물 몸의 어떤 부분 ③듣기에 사용하는 동물 몸의 일부분)

(3) ③ (①공기를 들이쉬고 내보내는 데 사용하는 입 바로 밑의 얼굴 부분 ②사물을 보기 위한 신체 부분 ③음식을 먹는 데 사용하는 입 속의 길고 좁은 부분)

(4) ② (① 수초 ② 등뼈가 없고 여섯 개의 다리를 가진 작은 동물 ③물속에서 사는 등뼈 없는 냉혈동물)

(5) ③ (①병든 사람에게 좋은 어떤 것 ②어떤 종류의 동물의 피부에 있는 날카롭고 뾰족한 부분 ③만약 다른 동물들이 먹거나 만지면 죽게 될지도 모르는 어떤 것)

2. so, that, can (개구리의 혀는 아주 끈적끈적해서 곤충을 잡을 수 있다.)

3. 올챙이

4 ① lay, less, 암탉은 여름보다 겨울에 알을 더 적게 낳는다. ② lay, 그 소년은 잔디에 누워서 하늘을 쳐다보았다. ③ laid, 그 소년은 배트를 땅에 놓았다.

Final Test 2 (본문 p.191)

1. ① a lump of pure gold

② the new crown

③ silver

④ a crown of gold and silver

⑤ some of the water

⑥ the crown

2. 아무 것도 걸치지 않고(벌거벗은 채로)

3. 무게가 같으면 순금보다 은이 섞인 금 쪽이 더 용적이 크다는 사실.

4. ① He lived in Sicily. (아르키메데스는 어디에서 살았는가?)

② He wanted a golden crown made of the purest gold. (왕은 어떤 종류의 왕관을 원했는가?)

③ He made it gold and silver. (금세공인은 왕관을 무엇으로 만들었는가?)

④ Because gold was much more valuable than silver. (And he wanted to have gold.) (왜 그는 왕관 속에 은을 넣었는가?)

⑤ Because He wanted Archimedes to check the crown. (왕은 왜 아르키메데스를 불러 보냈는가?)

⑥ He was in the public baths. (문제를 풀었을 때 아르키메데스는 어디에 있었는가?)

⑦ He ran through the street shouting with nothing on.(문제를 풀었다는 흥분 속에서 그는 특이한 어떤 일을 했다. 그것은 무엇인가?)

⑧ The crown did. (어느 것이 더 많은 용적을 가졌는가, 왕관인가 순금덩어리인가?)

⑨ The crown did. (물주전자에서 더 많은 물이 흘러넘친 것은 어느 것인가, 왕관인가 순금덩어리인가?)

⑩ He punished the goldsmith. (왕은 그의 왕관에 은이 포함되었다는 말을 듣고 무슨 일을 했는가?)

LEVEL 3

01. 삼형제 (본문 p.201)
1. ① 2. ②
3. (B) to enter that tower
   (D) their new land
4. ④,⑤,⑧
   (①세 아들은 그들의 아버지가 밭에서 열심히 일하고 있을 때 아버지만큼 열심히 일하겠다고 결심했다. ②그들의 어머니는 자기가 아들들에게 부자가 되기 위해 마을 주변을 돌아다니라고 요청했기 때문에 밭에서 혼자 일했다. ③그들의 어머니는 아들들이 넓고 낯선 세상으로 나가기 전에 그녀를 돕겠다고 결심했기 때문에 기뻤다. 세 아들이 돈을 벌기 위해 집을 떠난 뒤에 그들의 어머니는 집에 남아 혼자 밭에서 일했다. ⑤세 아들은 7년 동안 어머니를 떠나 있었다. 그리고 각자 다른 돈벌이 방법을 갖고 돌아왔다. ⑥톰이 망원경으로 탑을 보았을 때 그는 공주가 그 안에 없다는 것을 알았다. ⑦비록 공주는 괴물에 납치되었지만 왕은 삼형제가 공주를 구하는 것을 원하지 않았다. ⑧왕은 공주를 구하는 사람은 그녀와 결혼할 수 있다고 약속했다. 하지만 공주 하나에 셋은 너무 많았다. ⑨삼형제는 왕의 땅을 받은 뒤에 농부가 되는 대신에 자기들만의 직업을 계속했다.)
5. (1) till, 그 가난한 농부는 아침부터 밤까지 일을 하였다.
   (2) to, 그가 젊었을 때 그의 가족은 그 날 그 날 벌어먹으며 살고 있었다.
   (3) without, 열심히 일을 하지 않고 성공하는 것은 어렵다.
   (4) at, 그는 피아노를 치는 것이 능숙하다.
6. (1) 유감스럽지만 당신의 말에 찬성할 수 없습니다.
   (2) 그의 장녀는 나의 장남보다 연상이다.
   (3) 그토록 자주 편지해주셔서 고맙습니다.
   (4) 그는 그 단어의 의미를 설명하는 것부터 시작하였다.

02. 삼손과 데릴라 (본문 p.209)
1. (A) ⑨ (B) ⑩ (C) ⑨ 또는 ⑥
   (D) ⑤ (E) ⑦ (F) ⑧
2. ③
3. ③,⑤ (②도 생각할 수 있지만 데릴라는 후처가 아니었다.)
4. (1) 당신이 옳다고 생각하는 것을 하라.
   (2) 많은 사람들이 구식이라고 생각하고 있는 것 가운데에는 뭔가 좋은 것이 있다.
   (3) 그는 탐정 소설을 읽으면서 밤샘을 하였다.
   (4) 그는 시험 결과를 생각하면서 학교로 갔다.
   (5) 그는 자신은 수학을 좋아하지 않지만, 남동생은 좋아한다고 말했다.

5. (1) built, 그는 부근의 목수에 의해 집을 지어 받았다.(부근의 목수가 집을 지어 주었다.)
(2) mended, 그는 런던에서 시계를 고쳐 받았다.(런던에서 시계를 고쳤다.)
(3) blown, 그는 강풍에 모자가 벗겨졌다.
(4) Pointing, 파리 사진 속에 있는 높은 철탑을 가리키며 그 프랑스인은 이것이 에펠탑이라고 말했다.
(5) Putting, 보이지 않는 눈에 망원경을 대고 그 소년은 "나는 정말로 그 신호가 보이지 않아."라고 말했다.

03. 모짜르트, 그 진혼곡 (본문 p.216)

1. (1) Sit, down (Be seated도 좋다) (자리에 앉아서 들어라.)
(2) long (그는 자기가 노인이 되도록 오래 살 수 없을 거라고 믿었다.)
(3) who, was (그 남자는 그에게 경고하기 위해 보내진 하늘의 사자였다.)
(4) began(or started) (그는 즉시 작업에 착수했다.)

2. (가) ④ (① 그것은 자라서 거대한 괴물이 되었다. ② 나는 네가 시험에 성공했다는 것을 알고 기뻤다. ③ 그의 생각은 이해하기 어렵다. ④ 작가들은 사회를 변화시킬 욕망을 보여준다.)
(다) ③ (① 만약 빨강과 파랑을 섞으면 보라색을 얻을 것이다. ② 그들은 우리가 진실을 말하고 있는지 여부를 알아내고 싶어 한다. ③ 그 일이 일어난다 해도 나는 놀라지 않는다. ④ 뛰어가면 시간에 맞춰 그곳에 도착할 것이다.)

3. (나) ① (때때로 모차르트와 그의 아내는 팬터마임을 연기했다.)
(라) ③ (내가 방금 작곡한 것을 들어봐.)
(마) ② (이번에는 모차르트에게 진혼곡을 작곡해 달라고 돈을 지불했다.)

4. ③, ⑥
(① 모차르트가 죽은 것은 1791년이었다. ② 모차르트의 위대한 오페라들은 30세 이후에 쓰였다. ③ 모차르트는 35년간의 생애에 626곡이 넘는 작품을 썼다. ④진혼곡은 1791년에 작곡되었다. ⑤ "마술 피리"는 1791년에 작곡되었다. ⑥ 진혼곡은 미완성으로 남겨졌다. ⑦ 모차르트는 그 낯선 남자가 하늘의 사자라고 믿었다. ⑧모차르트는 진혼곡을 쓰고 있는 동안 그의 마지막이 가까워지고 있다는 것을 느꼈다. ⑨ 모차르트는 아내를 사랑했다.)

5. (1) in, 그는 대단히 시간이 모자랐다. 그는 정말로 바쁜 사람이었다.
(2) into, 열은 물을 증기로 바꾼다.
(3) in, 그 고독한 사람은 우정을 필요로 하고 있다.
(4) into, 찬바람이 파란 잎들을 노란색으로 만들었다.

6. (1) laugh (2) life (3) race

7. (1) 내가 곤란에 처해 있더라도 그 사람으로부터 어떤 도움도 바라지 않는다.
(2) 나는 젊었을 때 교회에 가곤 했지만 예배에는 종종 지각했었다.
(3) 그는 어느 날 아침에 깨어나니 유명한 사람이 되어 있었다.

Final Test 3 (본문 p.222)

1. 높은 지위에 오르는 일 **2.** ③ **3.** ④
4. small **5.** when, died
6. 주의 세금을 내린 일.
자신도 경비 절약을 한 일.